KB040889

서양 사상사와 성서에서 찾은
'울부짖음'의 철학

혼돈 앞에
선 인간,
철학을
잉태하다

혼돈 앞에 선 인간, 철학을 잉태하다

서양 사상사와 성서에서 찾은 울부짖음의 철학

지은이 | 빌럼 F. 쥐르데이흐
옮긴이 | 김장생
펴낸이 | 김성실
기획편집 | 이소영 · 박성훈 · 김진주 · 채은아 · 김성은 · 김선미
마케팅 | 곽홍규 · 김남숙
인쇄 · 제본 | 한영문화사

초판 1쇄 | 2015년 9월 15일

펴낸곳 | 시대의창
출판등록 | 제10−1756호(1999. 5. 11)
주소 | 121−816 서울시 마포구 연희로 19−1 4층
전화 | 편집부 (02) 335−6125, 영업부 (02) 335−6121
팩스 | (02) 325−5607
이메일 | sidaebooks@daum.net

ISBN 978−89−5940−577−0 (93100)

책값은 뒤표지에 있습니다.
잘못된 책은 바꾸어드립니다.
이 도서의 국립중앙도서관 출판시도서목록(CIP)은
서지정보유통지원시스템 홈페이지(http://seoji.nl.go.kr)와
국가자료공동목록시스템(http://www.nl.go.kr/kolisnet)에서 이용하실 수 있습니다.
(CIP제어번호: CIP2015023870)

서양 사상사와 성서에서 찾은
'울부짖음'의 철학

혼돈 앞에 선 인간, 철학을 잉태하다

빌럼 F. 쥐르데이흐 지음 | 김장생 옮김

MAN BEFORE CHAOS

PHILOSOPHY IS BORN IN A CRY

시대의창

옮긴이의 말

이 책은 2014년 4월 16일 세월호에서 생명을 잃은 아이들과 이들의 가족에 대한 사죄의 마음으로 시작한 번역 작업의 결과물이다.

신학 그리고 철학은 그 시작부터 자신의 존재 이유를 변증해야만 했다. 2000년 전에도 그리고 오늘날에도 다음과 같은 질문이 계속되고 있기 때문이다. 우리가 신학/철학이라는 학문을 해야 하는 이유는 무엇인가? 왜 필요한가? 하지 않으면 안 될 이유라도 있는 것인가? 비생산적이며 필요 없어 보이는 이러한 학문은 없어져야 하는 것이 아닌가? 4월 16일 나 또한 물었다. 아이들이 죽어가는 그 현장에서, 부모들과 가족들이 애타게 울부짖고 있던 그 현장에서, 가족들이 광화문에서 단식을 하고 있던 그 현장에서, 아직도 돌아오지 않는 시신을 애타게 기다리고 있는 그 현장에서 신학이나 철학 따위는 과연 무엇을 할 수 있는가! 이 책의 저자는 말한다. 지금 이 순간 철학/신학의 때가 되었다. 어디서? 이곳 광화문에서!

저자에 따르면 철학과 신학은 동일한 부모로부터 탄생하였다. 바로 울부짖음이다. 울부짖음은 피할 수 없는 거대한 적 앞에서 인간이 할 수 있는 마지막 저항 수단이다. 적 앞에서 그 무엇도 할 수 없을 때, 그 적이 우리를 압도하고 우리를 집어삼키려 할 때, 물러설 곳도 피할 곳도 없으며 곁에 아무도 없이 홀로 적 앞에 외로이 서서 죽음의 순간을 기다릴 때 우리는 울부짖는다! 이 울부짖음이야말로 철학/신학의 자궁이다.

저자에게 울부짖음은 감정의 표현도, 타인의 연민을 기대하는 소리침도, 그렇다고 자포자기의 표식만도 아니다. 울부짖음은 저항이라고 저자는 말한다. 철학/신학의 본체는 바로 저항에 있다. 인간을 억압하고 억누르는 죽음의 힘으로부터 인간을 자유케 하며 생명으로 이끄는 그 학문이 철학/신학이다. 세월호의 아이들과 가족들을 죽음의 힘으로부터 구조해내고, 탄자니아의 킬로사와 우간다의 카치리, 콩고민주공화국의 키치니 그리고 코트디부아르에서 빈곤으로부터 굶주리는 이들을 보호하며, 북부 중앙아프리카공화국과 부룬디의 부줌부라, 시리아 전역에서 전쟁으로부터 어린이와 여성들을 구해내고, 시에라리온과 라이베리아와 기니에서 질병과 싸우며, 과도한 노동으로 죽음의 문턱에 서 있는 방글라데시와 파키스탄 그리고 인도의 어린이들을 위하여 울부짖는 일이야말로 철학/신학의 사명이다.

따라서 철학/신학이 너희를 자유케 하리라!

신학과 신학사 그리고 철학과 철학사를 동일시하며 죽음의 문턱에 서 있는 이들의 울부짖음을 외면하고, 이들을 향하여 울부짖으려 하지 않으며, 울부짖지조차 못하는 이들을 대신하여 울부짖으려 하지 않는 이 시대에 스스로를 내어던지며 울부짖고 있는 한 줌의 의로운 이들에게 저자를 대신하여 옮긴이의 감사의 마음을 전한다.

빌럼 쥐르데이흐는 58세의 이른 나이에 숨을 거두기까지 종교
철학에서 이룩한 업적으로 국제적 명성을 얻었다. 그는 종교철
학의 새로운 분야(혹은 새로운 방법론)를 일궈낸 독보적 사상가
로, 그의 저술들은 대서양 양편 두 대륙(북미와 유럽-옮긴이)의
신학자들과 철학자들에게 큰 반향을 불러일으켰다. 그의 주저인
《종교분석철학*An Analytical Philosophy of Religion*》은 종교 언어를 대단
히 독창적으로 다룬 저서로 평가받았다. 예컨대 종교철학자 이
언 램지Ian T. Ramsey는 《히버트 저널*Hibbert Journal*》(1960년 1월)에
서 이 책의 "선구자적 면모"를 칭송한 바 있다.

쥐르데이흐를 아는 이들은 그의 죽음이 그로부터 더 많은 것
을 배울 수 있는 기회를 앗아갔다며 안타까워한다. 쥐르데이흐

는 자신의 저작을 엄격하게 비평했으며, 그의 사상은 계속해서 발전하고 있었다. 그는 매일같이 고민했고, 자신의 탐구에 함께 하도록 항상 다른 이들을 초청했다. 그런 그가 성취하려 했던 사상의 완숙을 보지 못하게 된 것은 학계의 큰 손실이다.

《종교분석철학》은 쥐르데이흐가 세상을 떠나기 몇 년 전인 1958년에 출판되었는데, 이 책은 그의 말년에 많은 논쟁을 불러일으켰다. 그의 동료들과 비판자들 그리고 서평가들은 그가 지속적으로 자기비판을 할 수 있도록 도와주었는데, 그 결실은 그가 이후 자신의 학생과 동료 들에게 나누어준 등사물에 나타나 있다. 이 단출한 인쇄물은 그가 비판을 진솔하게 받아들이고 자신의 저작이 간과한 부분을 보충하여 불명확한 점들을 해소했다는 면에서 주목할 만하다.

쥐르데이흐는 미완의 원고를 남겼는데, 그 원고가 바로 이 책 《혼돈 앞에 선 인간, 철학을 잉태하다》이다. 《종교분석철학》에서 그는 자신이 "신념적 언어convictional language"라 부른 것의 해부도를 제시하였다. 그는 신념의 구조는 상황적 분석situational analysis에 의해서만 밝혀질 수 있다고 주장했는데, 언어를 말하는 호모 로퀜스(homo loquens, 언어적 인간)로부터 언어를 분리해낼 수 없다는 것이 그 이유였다. 이 미완의 원고에서 그는 이전 저작에서 이미 다뤘던 바 있는, 철학자들의 가장 깊은 철학적 동인과 가장 근원적인 확신은 부분적으로 감춰져 있고 심지어 철학자 자신에게도 드러나지 않는다는 점에 초점을 맞췄다. 다음과 같은 콘포드F. M. Cornford의 말은 이 주제를 잘 드러내준다. "쥐르데이흐는 글로 쓰이지 않은 철학unwritten philosophy을 찾고자 했다. 다시 말해 겉으로 드러난 철학적 주장이 어떻게 감춰진 욕구들implicit wants과 아무 의심 없이 받아들여지는 문화적 전통에 의해 결정되는 지를 탐구했던 것이다."[1] 콘포드는 플라톤의 일곱 번째 편지를 비롯해 윌리엄 제임스, 우나무노[2], 니체, 화이트헤드를 인용해 쥐르데이흐의 주제를 더욱 분명하게 밝혀주는데, 이는 영국 관념주의자들의 유명한 자기 고백과도 비교될 수 있을 것이다. 예컨대 브래들리Bradley[3]와 맥타가르트McTaggart[4]는 형이상학적 사유 이면에 숨겨진 감정적 원동력emotional drives을 매우 잘 알고 있었다. 나아가 콘포드는 또 다른 사변 철학자인 화이트헤드A. N. Whitehead에게서 어느 시대에나 철학적 논쟁의 바탕에는 공통적인 그러나 무의식적으로 존재하는 가정들이 있다는 사실을 발견했다. 이것은 쥐르데

1　F. M. Conford, *The Unwritten Philosophy and Other Essays*, ed. posthumously by W. K. C. Gutherie(New York: Cambridge University Press, 1950).

2　Miguel de Unamuno(1864~1936). 스페인의 철학자 · 시인 · 소설가—옮긴이.

3　F. H. Bradley(1846~1924). 영국의 관념주의 철학자—옮긴이.

4　John M. E. McTaggart(1866~1925). 영국의 관념주의 철학자—옮긴이.

이흐가 《혼돈 앞에 선 인간, 철학을 잉태하다》에서 제시하고 있는 바와 정확히 일치한다. 실제로 쥐르데이흐는 서양 철학 전통뿐만 아니라 서양 문명의 일상어들도 암묵적인 확신적 가정에 영향을 받았다는 것을 보여주려 한다. 심지어 사전 편찬의 기념비라 할 만한 웹스터 사전도 어떤 면에서는 서구인들이 사물을 바라보는 특수하고 편협한 관점의 요약본일 따름이라는 것이다.

쥐르데이흐가 하려 했던 주장은 우리 문명이 그 시원부터 순전히 상대적인 것들에 대한 강력한 공포와 밀접하게 연관되어 왔다는 것이다. 겉보기에 차분해 보이는 고전적인 철학적 논의 밑에는 혼돈의 위협에 소리 죽여 흘러나오는 울부짖음이 놓여 있다는 것이다. 종교에서는 이 울부짖음이 억압되는 것이 아니라 쥐르데이흐의 표현대로 말하자면 "인도된다channelled". 철학적으로 볼 때 혼돈은 이성이라는 도덕적 세계 질서에 대한 믿음에 의해 극복된다. 그리고 현재의 위기는 이 믿음이 흔들리거나(흄과 칸트) 부정된(실증주의와 실존주의) 데서 비롯된다. 니체가 선언했듯 "신은 죽었다." 이 신, 그 안에서 도덕적 삶과 종교적 삶 그리고 이성적 삶이 상보하는 조화로운 우주는 정말로 죽었다. 서양 문명의 역사 속에서 처음으로 인간이 존재의 질서 Order of Being가 주는 안락함 없이 살아가는 법을 배워야만 하게 된 것이다.

《혼돈 앞에 선 인간, 철학을 잉태하다》의 출판 여부를 결정할 때 쥐르데이흐의 아내와 동료들이 고려했던 가장 중요한 원칙이 하나 있었다. 이 책이 독자에게 전달할 가치가 있는 주장을 담고 있는가? 우리는 그렇다고 판단했고, 출판사도 마찬가지였다. 하지만 출판을 위해 원고를 어떻게 준비할 것인가 하는 문제가 남아 있었다. 원고는 미완성이었고, 쥐르데이흐 자신과 동료들의 비평을 통해 교정될 기회도 없었다. 저자에게 원고를 수정할 기회조차 주지 않은 채 출판하는 것이 과연 옳은 일일까? 여전히 논쟁의 여지가 있는 주장과는 별개로, 쥐르데이흐의 감정으로 채색된 언어 선택이 그 자신의 주장을 견고히 하기보다는 더 약화시킬 것이라는 것이 내 생각이었다. 그러나 쥐르데이흐는 이미 이와 같은 이의를 예측했다. 그렇지만 이러한 이의 때문에 그가 저작의 색채를 바꾸려 했을 것 같지는 않다. 맥코믹 신학대학 McCormick Theological Seminary의 동료로서 우리는 영국 철학적 신학이라는 강의를 공동으로 진행했는데, 큰 틀에서 우리가 동의하는 부분들과 우리의 기질적인 차이가 균형을 잘 이루었다. 실제로 나는 앵글로색슨적 의미의 타당성propriety에 대한 쥐르데이흐의 짓궂은 논평을 어렵지 않게 이해할 수 있었다. 그리고 그가 자신의 새 원고에서 앵글로색슨적 의미의 타당성을 수용하려

했을 것이라고 가정할 만한 어떠한 근거도 없다. 나아가 논쟁이 될 만한 지점들에 대한 조언에 쥐르데이흐가 어떻게 반응했을지는 누구도 알 수 없는 일이다. 분명히 가장 올바른 방법은 가능한 한 원고에 손을 대지 않는 것이었다.

이 원고를 출판할 만한 형태로 바꾸는 일은 쥐르데이흐의 제자로서 이후 동료이자 조교로 그와 함께 일했던 메리빌 대학Maryville College의 에스더 스웬슨Esther Swenson 박사에게 돌아갔다. 위대한 사상가이자 선생이며 보기 드문 인격자로서 그를 아는 이들로부터 존경과 사랑을 받아온 쥐르데이흐에게 이 헌사를 바치는 데 있어서 우리는 그녀에게 큰 빚을 지었다.

B. A. 게리시(B. A. Gerrish)

시카고 대학

서문

독자들이 이 책을 읽어 나가는 여정을 시작하기 전에 이 책의 성격에 관해 짤막하게 이야기해두고 싶은 것이 있다. 이 책에서 나는 어떠한 것도 "증명"하지 않는다. 실제로 나는 나의 주장을 거의 수록하지 않았다. 이러한 방식은 완전히 임의적이어서 전통적 철학의 범주에서 본다면 타당하지 않게 보일 수 있다. 그러나 나의 기술 방식에는 이점이 많다. 사실 이 방법론은 가장 명료하고 분명한 것이라고 생각한다. 이것은 나의 모든 논의의 토대가 된 확신들, 이른바 인간의 본성에 대한 기본 이해들을 가능한 한 폭넓게 기술하려는 시도와 함께 시작되었다. 나와 다른 사상가들 사이의 충돌은 인간의 본성에 대한 이견에 기인하지만 우리 중 누구도 자신이 옳고 상대방은 그르다고 "증명"할 수는 없다.

그러나 우리는 몇 가지 중요한 문제들에 대한 자신의 관점에 어떠한 함의가 있는지 가능한 한 명료하게 보여줄 수 있어야 하며 또 그래야만 한다.

　나의 사유 방식에 대하여 보다 일반적인 사항을 하나 더 이야기하고 싶다. 1차 대전 이후 철학자들이 취한 입장은 주로 다음의 네 가지다. 어떤 이들은 스콜라주의의 전통적 존재론을 계승해 종국에는 완전한 실재의 세계에 인간을 위한 집을 짓기 원한다. 토마스 아퀴나스의 사상을 따르는 이들이 여기에 속한다. 두 번째로, 전통적 형태의 존재론은 불안정하여 새로운 것으로 바꾸길 원하는 이들이 있다. 헤겔로부터 하트숀Charles Hartshorne까지 일련의 철학자들이 이러한 맥을 형성해왔다. 물론 존재론에 대한 첫 번째와 두 번째 이해를 종합하려는 이들도 있다. 세 번째로, 모든 존재론은 불가능하다고 믿는 이들도 있다. 이들에게 철학은 삶을 이끄는 안내자이다. 니체와 같은 이가 여기에 속한다. 마지막으로, 예전의 집을 고수하거나 새로운 집을 짓거나 혹은 삶을 이끄는 역할을 하거나 하는 일은 철학이 해야 할 일이 아니라고 단호하게 주장하는 이들이 있다. 논리실증주의자들 일부가 여기에 속한다. 나는 마지막 입장이지만 이것이 유일무이한 방법이라고 단언하지는 않는다. 만일 내가 의도치 않게 혹은 모르는 사이에 나의 주장이 난공불락의 권위를 갖는다고 전제한다면, 사실 내 철학이 삶을 이끄는 안내자라고 무의식적으로 주장하는 꼴이 된다.

따라서 나의 입장은 이러하다. 어떠한 신념이라는 맥락을 벗어나서는 그 누구도 사유할 수 없다. 정직한 저자라면 독자들에게 자신의 신념을 최대한 명확하게 밝혀야만 한다. 왜냐하면 실제로 그 신념이 저자가 말하려는 모든 것을 이끌어가기 때문이다. 이러한 기본적인 신념들을 가능한 한 분명하게 밝힘으로써 철학자는 마치 안경을 쓴 것처럼 자신의 신념을 통하여 세계를 볼 수 있는 것이다. 나의 임무는 삶으로 이끄는 것도 아니고 체계를 구축하는 것도 아니며 인간을 위한 집을 짓는 것도 아니다. 나의 임무는 무언가를 볼 수 있도록 가져와 비추는 것이다. 앞으로의 글에서 내가 암흑 속에 가려지고 그림자 속에 숨겨져 온 것들을 새롭고 색다른 방법으로 빛으로 이끌어올 수 있다면, 나는 철학자가 해야 하고 또 할 수 있다고 믿는 모든 것을 성취하게 될 것이다.

빌럼 F. 쥐르데이흐

차례

I부

서양 사상사
속에서의
울부짖음

MAN
BEFORE
CHAOS
PHILOSOPHY IS
BORN IN A CRY

1장　철학의 근원인 울부짖음

A. 잠정적 정의

철학은 울부짖음 속에서 태어난다. 철학함의 근원은 차갑고 추상적인 사유가 아니라 삶과 삶의 의미에 대한 깊고 열정적인 관심이다. 플라톤은 위대한 철학자다. 하지만 철학자로서 그의 위대함이 단순히 그의 훌륭한 변증법적 능력이나 선의 이데아에 대한 가정 때문이라고만 보는 것은 지나치게 단순한 사고다. 철학자로서 그의 위대함은 문제를 보는 능력이 아니라 그 해결을 제시하는 데서 찾을 수 있다. 사실 플라톤의 철학은 그가 "존재는 무의미와 죽음을 이겨내야만 한다!"라고 말했을 때 비로소 시작될 수 있었다. 그가 해결하려 했던 문제들에 대한 접근법,

명석한 지성, 주제들에 대한 주의 깊은 판단, 이데아에 대한 비전은 그것들 뒤에 존재하는, 혼돈의 위협에 대항하고 영원의 존재 자체Being를 향한 격렬한 울부짖음, 숭배하기에 마땅한 숭고한 실재를 향한 울부짖음, 그리고 영원하고 대단히 타당하여 누구라도 알아차리고 따를 수 있는 진리를 향한 울부짖음을 들을 수 없고 또 들으려 하지 않으면 그저 철학자의 명석한 두뇌가 만들어낸 흥미로운 생각에 지나지 않게 된다. 플라톤의 울부짖음은 우리 세대에까지 지금까지도 메아리치고 있다. 서양 문명의 거대한 축을 이루고 있는 많은 것들이 플라톤의 고통스러운 그러나 환희에 찬 울부짖음과 함께해왔기 때문이다.

이러한 철학의 근원은 다른 사상가에게서도 찾아볼 수 있다. 예컨대 니체는 울부짖는 철학자였다. 그는 우리의 싸구려 부르주아 정신을 신랄한 비판으로 벗겨냈다. 하지만 그보다 더 중요한 것은 그가 "신은 죽었다!"라며 울부짖었다는 것이다. 그는 신을 죽인 우리가 스스로 한 일을 알지 못한다는 사실에 경악했다. 마찬가지로 마르크스는 탄광과 공장으로 내몰린 이들의 비인간화에 깊은 충격에 빠져 처음으로 울부짖었기 때문에 강력한 혁명 운동을 촉발하고 사회·경제 사상가들을 자극할 수 있었다. 그는 천국에 매달려 이 세계에 대한 모든 책임을 회피하려는 이들을 저주하였다.

이 철학적 울부짖음은 인간이 고통과 환희 속에서, 불타오르는 혁명 속에서, 그리고 기쁨의 숭배 속에서 울부짖을 때 참된 인간이 될 수 있다는 점을 제시한다. 어떤 사람이나 사건이 한 인간을 세차게 흔들어대며 상처 입히고 때려눕히는 가운데 껍질이 벗겨지며 그 존재의 더 깊고 충만한 가능성이 드러난다. 갇혀 있던 혹은 잠자고 있던 자아가 해방되고 깨어난다. 이 울부짖음을 통하여 인간은 자기 자신의 존재와 타자와 세계와 신과의 관계를 더욱 충만히 세워나가는 더욱 참된 자아가 될 수 있다.

이 인간화Menschwerdung의 울부짖음이 개인에게 중요하다면, 그러한 울부짖음들은 개개인의 생명을 훌쩍 뛰어넘는 생명을 창조할 수도 있다. 고대 그리스 철학자들이 그들의 도덕적이고 공동체적인 삶을 보장해주고 지원해주고 정당화해주는 절대적 질서가 있어야 한다고 울부짖을 때 즉각적이고 강력한 반향이 인간 삶의 모든 영역에서 메아리쳤다. 이것은 시대를 막론하고 모든 사람들의 울부짖음이 된다. 이러한 울부짖음은 특정한 개인의 인간됨을 인증하는 것이자 인간화의 중요한 문화적 방식을 창조하는 사건이다. 인류학은 각각의 문명이 인간화의 여러 방식을 제시하고 있음을 보여준다. 플라톤과 같은 이들의 위대함은 오래된 기존의 방식(예컨대 고대 그리스의 옛 종교인)을 깨부수고 인간화의 새로운 방식(예컨대 이성적 실재에 대한 이성적 이해)을 창조한 데 있다. 철학자들뿐만 아니라 종교, 정치, 미술, 소설, 시와 같은 다른 표현 방식 속에서 살아가는 사람들도 문화적으로 창조적인 울부짖음을 토해낸다. 따라서 과거의 방식을 파괴한 모세와 이사야, 마르크스와 히틀러, 피카소와 휠덜린은 인간화의 새로운 방식을 연 사람들이라고 볼 수 있다. 이 책에서 우리는 철학자들의 저작 속에 뿌리내리고 있는 울부짖음만 살펴볼 것이다. 그렇지만 인간화의 철학적 방식에 대한 논의는 개인적인 배경과 문화적인 배경 모두를 포괄하고 전제한다는 것을 항상 잊지 말아야 한다. 참된 울부짖음은 곧 고뇌하는 개인의 폭발이자 문화적 창조성의 동인이다.

이제 이러한 인간화의 방식에 관여하는 몇 가지 요소들을 살펴보자. 보통 "울부짖음"과 연관된 단어들은 잔뜩 고조된 감정의 성격을 띤 개념들인 "비명을 지르다", "악을 쓰다", "신경을 거스르다"와 같은 말들이다. 울부짖음은 쉬운 일이 아니다. 인간화라는 특수한 본질 속에서 울부짖음은 운동이나 변화 혹은 성장의 사건이다. 자아의 새로운 가능성을 해방시키고 드러냄으로써 울부짖음은 인간 존재의 두 방식 사이의 '통로', '사잇길'로서의 특성을 나타낸다. 그러나 이것은 쉬운 통로가 아니다. 울부짖음과 연관된 단어들이 가리키듯이, 그 사잇길은 괴롭고 고통스러운 길이다. 이는 마치 출생과도 같은데, 울부짖음은 출생의 여러 측면을 보여준다. 원시인들은 통로로서의 출생을 분명히 인식하고 있었다. 프랑스 인류학자 아르놀드 방주네프Arnold van Gennep에 따르면, 아이의 출생을 기념하는 원시인들의 의식에는 "분리, 변화 그리고 융합에 대한 일련의 제의"[5]가 포함되어 있다. 울부짖음은 이 모든 요소들을 보여준다. 출생과 마찬가지로 울부짖음은 이전의 인간 존재 방식으로부터의 고통스러운 분리와 변화의 움직임, 다른 방식으로 존재하는 것을 아우른다. 이것은 중차대한 위기의 사건이다.

실재하며 질서 정연한 것 그리고 궁극적으로 안정적이고 의미 있는 것에 대한 강박관념은 원시인들의 제의와 의식에도 숨겨져 있다. 이러한 강박관념은 끊임없이 해소해야 하는 거대한 갈증과 같다.[6] 이 요구를 채우기 위하여 원시인들은 다양한 제의와 의식에 참여했는데, 그러한 제의와 의식은 인간화로의 이행을 촉발했다. 가장 분명한 예는 신년을 맞이하는 원시인들의 의식에서 찾아볼 수 있다. 이 의식에 대한 엘리아데Mircea Eliade의 해석은 이 의식의 고통스런 본질을 드러내준다. 그것은 단순한 것이 아니다. 그것은 고통스러운 출생의 사건이다.

---

5 *The Rite of Passage* (Chicago : The University of Chicago Press, 1960), p. 50.
6 Mircea Eliade, *Cosmos and History* (New York : Harper & Row, 1959), p. 11.

우리는 특정한 시간의 흐름이 멈추고 또 다른 시간이 시작되는 것을 목격할 뿐만 아니라 과거 시간의 종말을 경험한다. … 그리고 이는 제의적 정화의 의미를 지니는데, 그것은 개인과 공동체 전체의 죄와 잘못의 단순한 "정화"가 아니라 그것들의 연소와 소멸이다. … 혼돈에서 질서 있는 우주로 나아가는 통로의 신화적 순간들이 매해 연말에 거행되는 의식에서 반복되어 나타나는 것이다.[7]

이 의식에서 우리는 울부짖음을 듣는다! 과거의 죄와 잘못, 옛 혼돈의 세계 그리고 옛 사람의 죽음에 대한 환희의 울부짖음이다. 또한 새로운 인간, 새로운 시간, 새로운 우주의 탄생에 대한 기쁨의 울부짖음이다.

원시인과 현대인 사이의 가장 분명한 차이는 여기서 나타난다. 원시인의 울부짖음은 제의에서 나타난다. 그러나 이러한 울부짖음의 제의적 형식은 원시 사회가 울부짖음을 구조화하기 위한 방법을 제공했을 뿐만 아니라 사람들에게 울부짖음을 청하기도 했다는 점을 보여준다. 원시인의 제의는 탄생, 죽음, 결혼, 건축, 추수와 같은 사건에 수반되는 고통과 기쁨, 위험의 위협과

---

7   *Ibid.*, p. 54.

성취에 대한 희망을 인식하게 해주는 행사다. 이러한 울부짖음으로서의 제의 형태의 본질은 성스러운 실재가 이미 악마와 죽음과 혼돈을 무찌르고 승리를 거두었다는 영광스러운 사실을 환영하며 받아들이는 것이다. 사람들은 이 승리에 함께하도록 초청받는다. 그들은 이러한 제의에 참여함으로써 새로운 인간으로 향하는 길을 걷게 된다. 그들의 종교는 인간이 한 존재 방식에서 또 다른 존재 방식으로 나아가는 원형적 양식 속에서 울부짖고 움직일 수 있도록 체계적인 그러나 인간적인 방법을 제시한다. 원시 종교의 의식과 제의 속에서 인간은 기쁨과 두려움 그리고 경외감 속에서 소리 내어 울부짖을 수 있으며 어린아이에서 성인으로 성장해나갈 수 있게 해주는, 또한 결혼으로, 성직자로, 죽음으로 나아갈 수 있게 해주는 제의적 통로에 참여할 수 있게 된다.

이러한 울부짖음은 현대의 사회 구조에서는 거의 불가능한 행위이므로 이와 같은 방식의 인간화도 사실상 불가능하다. 우리 현대인들에게 울부짖음은 존경받을 만한 행위가 아니고 오히려 노골적이고 부끄러운, 감정의 폭발일 뿐이다. 울부짖음이 유발하는 부끄러움의 정도는 벌거벗은 우리 자신을 만천하에 드러내는 울부짖음의 힘에 비례한다. 이러한 노출 때문에 현대인은 울부짖음이 부끄럽고 무시되어야 하며 부정되고 사라져 버려야 하는 것이라고 생각한다. 그런데 이러한 태도는 울부짖음의 의미에 대한 심각한 왜곡이 아닌가? 이는 울부짖는 인간을 부정하는 것이 아닌가? 이러한 관점은 울부짖음을 동물이 놀랐을 때 내는 소리나 채찍질 당할 때 내는 고통스러운 비명과 유사한 것으로 보는 셈이다. 여기서 울부짖음은 가장 건강하고 건전하며 사회적으로 인정되고 명확한 인간 존재의 표현이라 여겨지는 이성적이고 정연한 커뮤니케이션과 대조되고 대립하는 것이다. 그러나 울부짖음은 동물의 본능과는 완전히 반대되는 것이다. 울부짖음은 인간됨의 요소이다. 분명히 울부짖음은 로고스(즉, 계몽하는 합리성)의 차분함과는 대비될 수 있다. 왜냐하면 울부짖음은 우리 안에 있는, 우리와 깊이 관련되어 차마 이성적 관찰의 빛 아래에 놓아둘 수 없는 것들에 대해 이야기하기 때문이다. 빛은 분명하고 숨김없이 드러내는 것이기에 울부짖음은 존중받을 만한 것으로 보이지 않는 것이다. 울부짖음은 우리가 인식하기 두려워하는 것들을 부끄러움 없이 있는 그대로 보여준다. 그러나 이 사실이 울부짖음을 동물적인 것으로 만드는 것은 아니다. 오히려 우리의 인간됨 속에서 그 실재의 깊이를 드러내준다.

따라서 상당한 노력이 있어야만 현대인은 자신이 울부짖는 피조물이라는 것을 받아들일 수 있다. 프로이트는 어떻게 울부짖어야 하는지를 잊어버렸거나 울부짖을 용기가 없어 가장 깊은 자아의 건강과 통전성을 위협받게 된 이들이 울부짖기를 바랐다. 프로이트는 내담자들에게 소리 높여 말하라고 하지 않았다. 왜냐하면 그런 식으로 드러낼 수 있는 것들 때문에 사람이 정신적 문제를 겪는 것은 아니라는 점을 잘 알았기 때문이다. 대신 프로이트는 우리가 갈망하는 것들을 소리 높여 울부짖음으로써 답답한 인생의 괴로운 속박을 깨뜨려버릴 수 있을 때에만 스스로를 치유할 수 있다고 하였다. 우리의 울부짖음은 우리의 굴레를 끊어버리고 얼어붙은 영혼을 해방시켜 생기를 불어넣는다. 프로이트는 우리가 그토록 간곡히 원하는 것들을 위하여 부끄러움 없이 울부짖을 때에만 우리는 자유롭게 우리 자신이 될 수 있다고 주장하였다. 울부짖을 수 없는 현대인과 달리 원시인들은 울부짖는 것을 부끄러워하지 않았고 그들의 문화는 그들에게 살아 숨 쉬며 생동감 넘치는 울부짖음의 형식을 제공하였다.

그런데 울부짖는 것이 정말로 필요한가? 이 질문에 답하려면 우선 "필연성necessity"이라는 단어의 의미를 살펴봐야만 한다. 필연성에는 세 가지 형태가 있다. 바로 논리적 필연성, 물리적 필연성, 그리고 생명의 필연성이다. 논리적 필연성이란 의미 있고 합리적인 의사소통을 위해 필요한 논리적 실체들의 질서를 가리킨다. 물리적 필연성은 주어진 결과에 관한 물리적 실체들의 질서다. "필연성"이라는 단어의 이 두 가지 용법은 모두 비상

사태를 극복하고 재난을 피하고자 어떠한 행동을 취해야만 하는 상황을 가리킨다. 우리는 논리적 필연성을 붙잡음으로써 의미 없는 대화를 피하고, 물리적 필연성을 따름으로써 머리가 부딪히는 것을 피한다. 이러한 "재난을 피하는 것"으로서의 필연성의 성격은 필연성에 해당하는 독일어 기본형인 Notwendigkeit, eine Not abzuwenden에 잘 나타나 있는데, 이 독일어 단어는 "재난을 외면하는 것"을 의미한다.[8] 필연성의 이러한 의미는 울부짖음에 대한 인식과도 관련이 있는데, 오직 이 지점에서만 우리는 생명의 필연성이라고 할 수 있는 것과 맞닥뜨린다. 한 인간으로서 우리의 생명은 위태롭다. 우리는 인간됨의 두 가지 길에서 중요한 선택의 기로에 서 있다. 논리적 필연성이나 물리적 필연성과 생명의 필연성 사이의 차이는 후자의 경우 우리가 "재난을 피하는 것"을 거부할 가능성이 있다는 점에서 분명해진다. 실제로 우리는 인간이 되는 깊고 충만한 길이 아닌 좀 모자라는 길을 선택할 수 있다. 울부짖음의 필연성에서 위기에 처해 있는 것은 한 사람의 인간됨, 그 존재의 의미이며, 울부짖음을 외면하는 것은 결정과 책임을 외면하는 것이다. 그러므로 그것은 진정한

---

8   Klug and Goetze, *Etymologisches Wörterbuch der deutschen Sprache*, 16th ed., 1958. *s.v.* "notwendig."

인간이 될 수 있는 바로 그 가능성을 부정하는 것이다.

인간화로서의 울부짖음은 탄생이자 필연적인 것일 뿐만 아니라 인간이 울부짖을 때 가장 깊숙한 자아의 생명과 창조성의 힘이 해방된다. 그 힘은 향유될 수 있지만 또한 두려운 것이기도 하다. 그 힘은 기뻐해 마땅한 삶을 향한 힘이자 동시에 어떻게든 억누르고 제한해야만 하는 죽음을 향한 힘이기도 하다. 나는 다시금 플라톤주의를 언급함으로써 이 점을 조망하고자 한다. 적어도 19세기까지 대부분의 서양 철학은 플라톤에 대한 다양한 해석이라고 볼 수 있는데, 이러한 해석들은 플라톤의 압축된 사상을 펼쳐 보이려는 시도라 할 수 있다. 아리스토텔레스, 플로티누스, 아우구스티누스, 아퀴나스, 데카르트, 헤겔 등등이 플라톤의 울부짖음, 즉 존재론의 최초의 울음Urschrei[9]에 감춰진 보물들을 캐내려 했던 거창한 방식을 생각해보라. "보편적 진리와 불멸의 존재는 있어야만 한다!"이 원시적 울부짖음은 서양 문명에서 끊이지 않는 자극과 영감의 원천이며 과학과 사회 그리고 신학을 위한 생명의 샘이다.

그런데 이 철학적 과정은 동시에 축귀 의식exorcism이기도 하

9　아르투어 야노브Arthur Janov는 Urschrei를 갓 태어난 아기가 터뜨리는 최초의 울음소리라 정의함—옮긴이.

다. 플라톤의 울부짖음에는 혼돈의 힘과 위협에 대한 위험한 인식이 있다. 그 철학이 전개되는 과정에서 이러한 위험한 인식은 무해하게 된다. 따라서 각각의 위대한 철학 체계는 감춰진 보물들에 빛을 비추는 동시에 울부짖음의 힘을 그 철학 체계 속에 가둔다. 위엄 있는 모습뿐만 아니라 벌거벗고 가난하고 비참한 모습을 보여주는 상당히 곤혹스러운 울부짖음은 억제되고 종국에서는 완전히 감춰져 버린다. 벌거벗은 울부짖음은 전문 용어들로 윤색되어 버린다. 울부짖음은 논리적 필연성 위에 세워진 체계 속에 거처를 제공받지만, 인간이 되기 위해 선택하는 생명의 필연성은 숨겨지고 폄하된다. 그 체계에 더 가까울수록, 주장이 더 강할수록, 사유 과정이 더 설득력 있을수록 성가시고 방해만 되는 울부짖음에 대한 방어는 더더욱 철저해진다. 사실상 울부짖음에 재갈을 물린 것이다!

정적靜的 체계는 울부짖음에 재갈을 물리는 데 가장 성공적이었다. 전통적 존재론들은 "바라봄seeing"으로서의 지식을 강조한다. 우리가 존재론을 통하여 보는 것은 존재의 질서의 거대한 구조인데, 이것은 커다란 안도감을 준다. 철학자뿐만 아니라 모든 이가 가만히 앉아 경건하게 관조하길 요청받는다. 하지만 우리는 존재의 층계라는 거대한 위계를 보면서 더 이상 그 계단의 근원이 된 울부짖음에는 주의를 기울일 수 없다. 우리는 볼 때, 더 이상 들을 수 없게 된다. 헤겔과 같은 서양 철학자들이 정적 존재론을 포기하기 시작하면서 이 체계의 축귀력은 서서히 사라져 갔는데, 그 이유는 편안하고 안전한 존재의 집 안에서 끊임없이 혼돈의 위협을 받는 변화와 움직임 속에 놓여 있는 자신을 발견하게 되었기 때문이다.

원시 종교와 기독교에도 울부짖음에 재갈을 물리는 것처럼 보이는 무언가가 있다. 그러나 사실 그것은 완전히 다른 것이다. 그것은 울부짖음에로의 초대이기에 울부짖음을 부정하거나 몰아내는 것이 아니라 오히려 그쪽으로 향하는 통로로 인도하는 것이다. 앞서 언급한 새해맞이 의식에서 사람들은 울부짖음에 초대된 것이다. 이러한 축제 기간 동안의 울부짖음이면 남은 한 해 동안 충분했던 것이다. 어떤 의미에서 보면 울부짖음이 통제되었던 것이다. 이것이 재갈을 물려 통제하려는 시도와 유사하다는 점은 부정할 수 없다. 그러나 철학적 재갈과 달리 고대 종교는 울부짖음의 충만함을 공공연하게 인정했다. 엘리아데는 바빌로니아의 새해 축제 기간에 나타난 "원초적 혼돈의 복원과 우주 창조 행위의 반복"[10]에 대해 이야기한다. 엘리아데에 따르면, 1년에 한 번 고대인들이 질서와 위계를 폐기하고 우주적 혼돈을

10   *Cosmos and History*, p. 57.

재도입한 것은 태곳적에 그러했듯이 생명이 죽음에서 다시 솟아오르고, 혼돈에서 질서 있는 우주가 다시 나오며, 어둠에서 빛이 다시 생기게 하기 위함이었다. 이 제의에서 인간은 생명, 즉 죽음과 질병으로부터 해방된 생명, 죄와 부패로부터 자유로운 생명, 영원한 생명, 항상 스스로를 갱신하는 생명, 언제나 젊은 생명을 고대하는 거대하고 우렁찬 울부짖음을 일으킨다. 울부짖음은 매년 울리고 또 울린다. 울부짖음은 재갈이 물리거나 감춰지지 않고 적절한 때와 장소에서 규정된 방법에 따라서만 반복되도록 인도된다. 또한 기독교인들이 매해 수난절 "나의 하나님, 나의 하나님, 왜 나를 버리시나이까!"라는 그리스도의 울부짖음을 되풀이하는 것과 "진실로 그가 다시 사셨네!"라는 제자들의 환희에 찬 울부짖음을 부활절마다 반복하는 것을 이야기해볼 수 있다. 여기에서도 마찬가지로 고통스럽고 또 환희에 찬 울부짖음이 터져 나오지만 이것은 인도된 것이다. 그러므로 새 생명을 가져오는 울부짖음의 능력과 거기에 재갈을 씌우고 통제해 인도하려는 인간의 시도 속에서 울부짖음은 두렵지만 환희에 찬 힘으로 보인다.

B. 울부짖음과 서양 전통의 신념적 세계관

울부짖음에 대한 우리의 잠정적 정의는 다음의 세 가지 사항을
지시한다. (1) 울부짖음은 인간이 되기 위한 하나의 방법이며,
그러한 의미에서 울부짖음은 개인적인 측면에서나 문화적인 측
면에서나 중요하다. (2) 울부짖음은 삶 그 자체가 위태로워지는
위기의 상황에서 나타나며 "치유"혹은 생명의 충만함을 향한 움
직임의 계기가 된다. (3) 따라서 울부짖음은 인도되든가 몰아내
든가 해야 하는 종잡을 수 없는 해방의 힘이다. 지금부터는 전
통적인 서구의 신념적 세계관[11]의 구조를 살펴보면서 울부짖음
을 한층 더 분석해보고자 한다. 역사적으로 이 세계관에는 울부
짖음을 통제하여 인도하거나 몰아내는 특정한 역할을 수행하는
어떠한 파생 요소들과 울부짖음 자체를 구별하는 확고한 구조가
있다.

  이 전통적 세계관을 알아가기 위해서는 플라톤의 울부짖음을
다시 한 번 들여다봐야만 한다. 플라톤의 울부짖음에서 우리가
인식할 수 있는 첫 번째 요소는 플라톤의 울부짖음이 부정적 울

11　신념적 세계관은 "개인의 실존적 중심을 포함하는 세계와 관계한다. … 이것은 참된
　　　자아와 같은 우리 존재의 가장 깊은 층위와 연계된다." W. F. Zuurdeeg, *An Analytical
　　　Philosophy of Religion* (Nashville: Abingdon Press, 1958), p. 111 and chap. 3, *passim*.

부짖음Notschrei이며 또한 동시에 신의 도움을 비는 기원祈願이라는 점이다. 플라톤의 울부짖음을 가장 먼저 인식할 수 있는 단계는 아테네를 뒤덮은 혼돈과 부패의 위협, 그리고 도덕과 진리는 단순한 습관이자 관습일 뿐이라고 주장하는 소피스트들의 상대주의에 대항하는 격렬한 "아니요!"이다. 변화에 대항한 플라톤 철학의 이 중요한 관점을 우리는 쉽사리 놓치곤 한다. 사상사를 공부하는 학생들은 대개 플라톤의 사상을 변화라는 현상에 대한 신중하고 지적이며 감정이 배제된 논의로 생각한다. 플라톤에 대한 이 같은 일반적 해석은 그의 진정한 관심사가 누구나 잘 알지만 제대로 설명하지는 못한 이 현상에 대하여 마치 과학처럼 가능한 한 정확하게 설명해주는 개념들을 만들어내는 데 있다고 가정해왔다. 그러나 이보다 더 플라톤을 잘못 이해하는 접근법도 없을 것이다. 플라톤과 그를 따르는 철학자들에게 변화는 부패의 확실성을 의미한다. 변화는 존재가 나이 들고 약해지는 끝없는 과정, 종국에는 죽음으로 끝날 수밖에 없는 더디지만 막을 수 없는 퇴화의 과정에 있음을 가리킨다. 결국에는 끝이 나지만 아직 끝나지는 않은 이 과정에 대한 고통스러운 인식 속에 공포가 도사리고 있다. 말馬이든 사람이든 집이든 각각의 개체는 이 무시무시한 과정에 끝이 있다. 그러나 생명 그 자체는 피할 수 없는 이 죽음의 과정에 정처 없이 던져진 새로운 것들과 사람들로 항상 가득하다. 플라톤의 철학은 변하지 않는 존재를 향한 울부짖음이다. 그 존재는 마치 수학적 진리와 같이 변하지 않는 영원한 필연성의 질서이다. "2×2=4"에 대하여 더 이상 물음을 던질 수 없는 것과 마찬가지로 존재 자체의 필연성은 모든 질문으로부터 벗어나 있다. 시간 속에서의 운동이나 공간 속에서의 변화에도 불구하고 이와 같은 수학적 필연성은 존재를 지배한다. 부패와 죽음은 존재를 압도하는 힘을 가질 수 없으며, 존재에 대한 지식은 영원히 불변하는 진리일 것이다. 플라톤의 철학이 혼돈을 압도하는 영원한 안정성에 대한 열렬한 관심에 뿌리를 둔 것이라면, 그의 철학은 단순히 냉정하고 추상적인 지적 작업인 "변화라는 현상을 바라보는 것"이 아니라 진정한 실재를 향한 생사가 걸린 갈망에 의해 추동된 것이다.

플라톤을 울부짖게 만든 위기는 무엇인가? 그것은 위급한 시대 상황이었다. 제우스와 포세이돈의 종교는 대부분의 그리스인들에게 권위를 상실하였다. 고대 아테네의 시민들은 아테나를 지혜의 여신으로 숭배했다. 아테나의 지혜는 과학, 철학 혹은 실용적인 노하우 같은 것이 아니라 삶과 죽음의 신비를 꿰뚫는 직관적 통찰인 "점占, divination"이었다. 아테나는 고대 도시국가 아테네의 수호신이었는데, 아테네 시민들이 아테나의 지혜 덕분에 공동체의 존재 기반인 생명을 얻을 수 있었기 때문이었다. 아테나의 통찰은 아테네의 생명이었으며 그 생명을 떠받치는 것이었다. 하지만 플라톤의 시대에는 번제와 희생제를 계속하긴 했지만 아테네 시민들은 더 이상 아테나와 의미 있는 관계를 이어가지 않았고, 도덕적이고 지적인 면을 자극하는, 자기자신보다 위대한 어떤 것에 대해서도 관심을 두지 않았다. 플라톤은 이러한 공허함을 견딜 수 없었지만 그렇다고 다른 그리스인들처럼 신들을 향해 입에 발린 말을 하지는 않았다. 따라서 그의 울부짖음의 첫 번째 표현은 바로 Notschrei였다. 플라톤은 동시대를 살아가고 있는 이들을 향해 이렇게 울부짖었다. "아니요, 당신은 틀렸습니다. 분명히 이 이상의 무언가가 존재합니다. 존재와 선善의 질서가 틀림없이 존재할 것입니다." 헤르메스와 포세이돈의 아름다운 세계는 무너져 내렸기에 시인들이 노래하는 신들의 세계보다 더 영원한 질서를 추구하는 것은 무의미하고 가망 없는 일이라는 결론에 플라톤은 반기를 든 것이다. 이렇게 무너져 내리고 있는 눈에 보이는 질서 뒤에는 어딘가 어떻게든 또 다른 실재, 참된 우주, 참된 실재, 아름다움 그 자체, 진리 그 자체, 선 그 자체가 틀림없이 존재할 것이다. 이 질서는 신적 질서가 그러하듯이 자연의 리듬 속에서 명확하게 보이지는 않을 수 있다. 하지만 비록 보이지 않는다 하더라도 이 질서는 자연의 어떠한 리듬보다 더 실재하며 그것들과는 달리 불멸한다.

이 상황, 즉 플라톤의 Notschrei의 두 번째 측면에 주목해야 한다. 플라톤은 자신이 목도하고 있는 부패가 도시 국가를 끝내 버릴 것이라는 점을 받아들이지 않았다. 표면적으로만 본다면 분명 끝난 것처럼 보였다. 아테네의 생명은 저물고 있고, 아테네의 정치 권력은 점점 더 악화되고 있으며, 문화재들은 위험에 처해 있고, 시민과 법, 그 외 많은 것들이 권위와 힘을 잃어가고 있었다. 플라톤의 동료 철학자들 중 일부는 각기 다른 상황에 처해 있는 이들은 각기 다른 법과 사상을 가진다는 것처럼 더 분명한 것은 없다고 말했다. 이 상대성은 만물의 존재 방식이며, 이보다 아테네의 삶을 더 분명히 보여주는 것은 없다는 것이다. 플라톤의 철학은 자신의 삶을 옭아매려 하는 이러한 생각에 대해 "아니요"라고 말하는 격렬한 울부짖음 속에서 탄생했다. 플라톤은 모든 법 뒤에는 그 법들이 뿌리를 내리고 그 법들에 의미와 진리 그리고 정당성을 부여하는 하나의 법이 있다고 말한다. 이러한 뿌리가 없다면 각 법들은 그저 거만하고 주제넘은 독재자에 지나지 않을 것이다. 플라톤은 아테네의 법이 뿌리박고 있는 아테나 신화의 종말을 인지하고 있었지만, 아테네의 생명을 유지시키는 신성한 지혜가 없다는 입장을 취할 수는 없었다. 그래서 그는 그러한 신성을 부정하는 이들에게 "아니요"라고 울부짖었던 것이다.

하지만 플라톤의 울부짖음은 단순히 Notschrei가 아니다. 그의 울부짖음은 기원祈願이기도 하다. 어깨를 으쓱대며 신적 지혜 없이 삶을 바라보는 이들에 대항하여 플라톤은 케케묵은 신화를 대신해 이성, 아름다움, 진리, 선의 이름을 이야기한다. 그는 그러한 지혜가 없는 삶은 비명을 질러대는 공포일 뿐이라고 울부짖는다. 따라서 플라톤의 울부짖음은 이 지혜 없이 죽어버린 삶에 대한 근본적인 "아니요"이자 신의 이름에 대한 근원적인 요청이다.

몇몇 철학자만이 플라톤의 사상과 그로부터 싹을 틔운 전통적 형이상학을 죽음과 관계된 철학으로 받아들이고 있다. 오늘날 형이상학에 대한 전형적인 이해는 《형이상학의 본질》[12]에 정리된 형이상학의 정의들을 비교함으로써 발견할 수 있을 것이다. 이 책은 BBC 제3채널the Third Programme의 연속 강연을 넘어서는 척하지 않는데, 그 연속 강연의 강연자들 면면은 대중적인 형식 뒤에 심오한 사상이 숨어 있음을 보증해준다.[13] 책의 서문에서는 루돌프 카르납Rudolph Carnap의 "주어진 개념 도식

---

12   D. F. Pears, ed., *The Nature of Metaphysics* (London : Macmillan and Co., Ltd., 1957).

13   P. F. Strawson, S. N. Hampshire, Mary Warnock, G. J. Warnock, Gilbert Ryle, Iris Murdock 등이 강연자였다.

a given conceptual scheme 혹은 개념 체계framework of ideas"로서의 형이상학에 대한 논의를 다루고 있다. 저자들은 카르납의 관점에 동의한다고 명확하게 밝히고 있지는 않지만, 책의 마지막 쪽에 이르면 그들이 카르납의 관점에 진지하게 이의를 제기하지 않는다는 것을 알 수 있다. 길버트 라일Gilbert Ryle은 그 연속 강연의 개요를 다음의 말로 시작한다.

과거 위대한 형이상학자들의 업적을 평가함에 있어 우리는 의견이 일치했다. 첫째, 그들은 개념적 사유로부터 존재를 증명하려 하였고 그것을 존재론적으로 다루었다. 그것은 실수였다.[14]

카르납과 라일의 설명에는 플라톤의 (그리고 전통적 형이상학자들의) 환희와 고통의 울부짖음을 시사하는 것이 하나도 없다. 형이상학자들이 모두 "개념적 사유로부터 존재를 증명"하려 했다는 것에는 의심의 여지가 없다는 것이다. 하지만 플라톤과 전통적 형이상학자들은 이것을 넘어선다. 그들은 철학을 해야 하기에 철학을 한다. 중요한 무언가—그들의 존재—가 위기에 처

14   *The Nature of Metaphysics*, p. 164.

해 있기에 그들은 철학을 한다. 원시 종교인들이 그들을 삼키려 위협하는 혼돈의 심연을 본 것처럼 존재론자들도 그 심연을 직시한다. 종교인들이 존재 자체의 갱신, 회춘과 갱생을 위해 울부짖는 것과 같이 존재론자들은 불멸의 존재, 이성의 질서를 향하여 울부짖는다. 물론 개념들이 관여한다. 원시인들이 호소한 질서는 영원히 불멸하는 생명의 우주인 자연의 리듬이다. 플라톤이 자신의 울부짖음으로 성취하려 했던 질서는 신적 이성과 선의 질서였다. 원시적 질서가 문화적 의식(울부짖음을 인도하는 통로)에서 숭배 행위를 요청하는 것과 마찬가지로 이성의 질서는 올바른 경배 행위인 이른바 지적 활동을 요구한다. 존재론자들에게 개념, 논리 법칙, 증명, 논쟁은 원시인들에게 추수하고, 사냥하고, 결혼하는 것과 같은 영예로운 행위다. 그러므로 카르납과 라일은 사실이 아닌 어떤 것도 말하지 않긴 했지만, 가장 중요한 것을 간과했다. 그들은 형이상학의 본질에 결정적인 요소들과 그들이 이러한 철학 형식을 거부하게 만드는 다른 요소들을 구분하였다. 카르납은 형이상학에서 실재의 지위를 요구하는 프로파간다와 특정한 것들에 대해서는 그 지위를 부여하지 않는 경향성을 보았다. 라일은 연속 강연의 개요 끝부분에서 이렇게 말한다.

그들(존재론자들)은 그것을 따르길 거부하면 비난받곤 하는 철학함의 전례를 여럿 세워놓았다. … 그들은 우리가 설교하지도 않고, 정치적 문제들을 방관하며, 우리의 도덕 철학은 지나치게 얄팍하다고 말한다.[15]

카르납과 라일이 부차적이라고 한 요소들―요구, 정치, 설교, 도덕―은 사실 근본적인 것, 즉 철학을 탄생시킨 울부짖음에 더 가까운 것이 아닐까?

프레더릭 페레[16]의 《언어, 논리 그리고 신*Language, Logic and God*》[17]에서는 형이상학자들의 울부짖음에 대한 이해가 더욱 요원해진다. 그는 "내가 보건대 형이상학의 본질은 개념적 종합이다. 형이상학적 체계는 '모든 사실'을 결합하기 위해 고안된 개념들의 구성물이다."[18] 페레는 형이상학의 열렬한 옹호자이지만 형이상학의 울부짖음에는 귀 기울이지 않았다. 그는 왜 무엇인가 존재하고 아무것도 없지 않은지를, 그리고 혼돈과 무의미, 광기가 승리하지 않고 승리할 수 없으며 승리하지 않을 것이라는

---

15 *Ibid.*

16 프레더릭 페레(Frederick Ferré, 1933~2013)는 조지아 대학의 명예교수였으며 미국 형이상학회 회장을 역임했다―옮긴이.

17 (New York: Harper & Row, 1961).

18 *Ibid.*, p. 161.

것을 보증하는 존재 자체가 형이상학의 울부짖음에 근거해 있다는 것을 보지 않았다. 형이상학은 총체의 거대한 상像이며, 이성 혹은 자연이 존재의 기반임을 밝히는 열정적이고 고결한 주장이다. 그것은 인간의 이성을 통해서 접근할 수 있는 존재라는 이름을 가진 신에게 바치는 찬가이다.

플라톤 철학의 구조에서 두 번째로 살펴볼 요소는 포고claim이다. 포고는 울부짖음에 대한 응답이며, 울부짖음의 본질이 전개되고 발전해 나가는 방식이다. 앞서 살펴봤듯이 "아니요"라는 플라톤의 울부짖음과 기원에는 더 굳건하고 확실한 기반 위에 아테네의 지혜의 옛 신화를 재건하려는 갈망이 숨겨져 있다. 사람들이 "어떠한 법이 우리 도시 국가의 기반인가?"라고 말할 때 플라톤은 "이성의 법"이라고 울부짖는다. 그리고 다음의 두 가지를 포고한다. (1) 영원한 질서인 이성과 선의 우주가 존재한다. (2) 기쁘게도 우리는 우리를 이성으로 인도하고 이성의 영광을 드러내는 철학을 통하여 그 질서를 알 수 있다.

나는 일부러 종교적 선포는 무오류하다는 식으로 위의 포고들을 표현했다. 이러한 포고들은 오직 구원의 선언, 복음의 증언으로 받아들여질 때에만 의미를 가질 수 있다. 울부짖음의 고통 그리고 더 높은 존재에 대한 울부짖음의 절박한 요청과는 대조적으로 포고는 승리와 확실성 그리고 해방의 함성이다. 진리가 선포될 때 인간은 더 이상 의심을 품지 않는다. 진리를 위하여 울부짖기에, 포고는 진리다.

이 두 가지 포고가 서로 구별된다는 것을 염두에 두는 것은 중요하지만, 그중 하나를 따로 떼어낸다면 그것은 플라톤의 가장 중대한 확신을 곡해하는 것이 될 것이다. 플라톤은 이렇게 말한다. "만일 우리가 그것(선의 이데아)을 모른다면, 심지어 선의 이데아에 대한 지식 외의 모든 것을 다 안다 하더라도 아무런 쓸모가 없게 된다."[19] 만일 존재와 선의 질서가 존재하는데 우리가 그것을 모른다면, 즉 우리가 그 질서와 의미 있는 관계 속에 존재하지 않는다면, 인생은 악령의 웃음소리가 크게 떠도는 비명 가득한 공포의 장이자 악마적 농담이 될 것이다. 따라서 플라톤은 두 포고를 분리할 가능성을 단순히 부정하지 않을 뿐만 아니라 나아가 이 두 가지가 내재된 조화로움 속에서 서로 결합되어 있다고 말한다. 플라톤은 이를 다음과 같이 묘사한다.

혼의 경우는 이러함을 알아야 한다. 진리와 실재가 비추는

---

19   *The Republic*, Book VI, 505 *a* and *b* (Loeb Classical Library [Harvard University Press], 2 vols., nos. 237, 276), p. 89.

곳, 이곳에 영혼이 고착할 때는, 이를 지성에 의해 바로 알게 되고 인식하게 되어, 지성을 지니고 있는 것으로 보인다. 그러나 어둠과 섞인 것에, 즉 생성되고 소멸되는 것에 영혼이 고착할 때는 의견을 갖게 되고 이 의견들을 이리저리 바꾸어 가짐으로써 영혼이 침침한 상태에 있게 되어, 이번에는 지성을 지니지 못한 것처럼 보이게 된다.

인식되는 것들에 진리를 제공하고 인식하는 자에게 그 힘을 주는 것을 선의 이데아라고 생각해야만 한다. 이 이데아는 인식과 진리의 원인이다.[20]

세계는 선의 이데아에 의해 유지된다는 플라톤의 포고는 어둠과 탄생 그리고 죽음의 끔찍한 세계에 대한 공포로 내던져진 혐오의 울부짖음에 여전히 둘러싸여 있다. 그러나 승리와 환희의 나팔 소리는 의심과 절망의 수금 소리를 압도한다. 선의 이데아는 실제 지식의 대상에 그 내적 진리를 부여하고 동시에 진리를 찾는 이에게 그 진리를 붙잡을 힘을 준다. 이 힘찬 포고에서 플라톤은 실재 대상의 세계인 최고의 이데아와 인간을 움직이게

---

20 *The Republic*, Book VI, 508 *d* and *e*, Davis and Vaughan in Thomas V. Smith, ed., *Philosophers Speak for Themselves: From Thales to Plato*, 2nd ed. (Chicago: The University of Chicago Press, 1956), pp. 257, 258.

하는 진리를 사랑하는 힘을 아우른다. 제우스의 죽음 이후 잃어버렸던 우주적 질서가 여기서 회복된다. 이 질서 안에서 모든 것은 제자리, 제 의미, 제 역할, 제 선함 혹은 악함을 갖는다: 인간과 사물, 지식과 의견, 지식을 사랑하는 인간과 그저 의견을 사랑하는 이.

두 가지 포고의 조화는 우리가 이성의 질서와 플라톤의 선포의 구휼적 특성을 인식할 때 더욱 분명히 이해된다. 그 질서의 분명한 본질은 그것을 알고자 하는 인간의 능력을 요구하는데 그 이유는 그 본질이 이성의 질서이기 때문이다. 그 질서는 파르메니데스의 "실재는 존재한다it-is"와 같이 그 자체로 완결된 균질한 존재가 아니라 스스로를 알고자 열망하는 것이다. 따라서 이성은 자기 인식, 즉 스스로를 비추는 지식이다. 질서의 이러한 특성 가운데 첫째와 둘째 포고의 관계는 본질적인 것이다. 그것은 하나를 나머지 하나에 더해서 생긴 것도 아니며, 운 좋게 알게 된 두 개를 합친 것도 아니다. 그 본질은 그것이 존재하지 않았더라면 이성과 함께하는 존재도 존재하지 않았을 것이라는 것이다. 따라서 철학자는 이 세상에서 가장 축복받은 사람이다. 철학자는 이 질서의 증인이고 그의 소명은 가장 고귀한 소명이다. 어떠한 의미에서 증인으로서의 철학자는 아테나 여신의 신비로운 광채를 가지고 있다. 초인간적인 지혜 덕분에 아테나는 혼돈과 악마 그리고 입을 쩍 벌린 죽음의 이빨 속에서도 아테네의 존재를 가능하게 했다. 소피스트와 회의주의자 그리고 눈에 보이는 것과 단순한 의견에 만족하는 이들 속에서도 아테네가 지금도 존재할 수 있는 것은 철인 통치자의 거의 초인간적인 지혜 덕분이다.

울부짖음과 포고의 이러한 철학적 구조는 동굴의 비유에서 찾아볼 수 있다. 이 비유는 울부짖지 않으며 그 안에 울부짖음의 이데아가 전혀 들어가 있지 않은 인간을 묘사하고 있다. 이는 마치 플라톤이 외부에서 바라보면서 무지 속에 얼어붙어버린 이러한 이들에 대해 증언하는 것처럼 보인다. 이 고요한 장면은 죄수를 자유롭게 해주지 못하는 유약한 방관자의 마음에 일고 있는 동요를 보여준다. 물론 이 증언자는 자신의 힘으로 그들을 도울 수 없다. 그 자신은 크게 울부짖고 인간이 된다. 그는 탄생하였고, 인간화라는 특권을 허락받았으며, 어머니의 자궁인 동굴을 빠져나올 수 있었다. 그것은 특권이 분명한데, 그 이유는 신적 아름다움, 진리, 정의, 선을 상기할 때만이 그것이 가능하기 때문이다. 플라톤을 자궁으로부터 건져낸 것은 질서의 빛의 깨우치는 힘인데, 참된 인간이 되는 것은 오직 영원한 진리의 빛 안에서만 가능하기 때문이다. 영원한 존재와 불멸의 선의 건져내는 힘을 인간이 대체할 수는 없다. 따라서 이 비유에서는 울부짖음과 포고가 하나처럼 들린다. 지금 이야기한 인간 존재의 가능성은 동굴에서 나온 이의 존재를 드러낸다. 그러나 영광은 동굴에서 나온 이가 아닌 그를 동굴 밖으로 꺼낸 선의 이데아에게 돌아간다! 사실 이 비유는 이러한 선이 분명히 존재한다는 것을 말하고 있다. 그렇지 않고서는 이 비유가 이야기되긴 어려웠을 것이다.

여기서 포고와 그 포고가 근거하고 있는 울부짖음의 역할이 강조된다. 이 비유는 단순히 한 인간의 풍부한 상상력에서 나온 이야기가 아니다. 그는 자신에게 발생한 일의 진실을 증언한다. 심지어 자연 전체도 증언자가 포고한 것의 타당성을 보여준다. 위에 인용한 글에서 태양과 그 빛은 이 포고들의 통일성을 보여주고 그 타당함을 입증하기 위해 언급되었다. 선의 구휼하는 힘은 태양과 같다. 인간이 질서를 "볼"수 있도록 하는 빛은 이 태양의 힘이다. 그리고 이야기하는 사람뿐만 아니라 그가 말할 때 사용한 수단인 자연 요소들도 이성의 질서의 진리를 증언한다.

우리는 동굴의 비유뿐만 아니라 세계에 대한 플라톤의 더욱 이론적인 관점들이 격심하고 놀라운 절규를 담고 있다는 사실을 놓쳐서는 안 된다: 참된 인간이 되기란 얼마나 어려운 일인가! 얼마나 많은 이들이 무지와 자기기만과 무익한 것에 영원히 사로잡혀 있는가! 심지어 진정한 태양, 진정한 실재도 그들을 어둠으로부터 꺼낼 힘이 없다. 하지만 플라톤의 마지막 말은 심원한 용기를 준다. 두 번째 포고를 전달해주는 이 말은 동굴의 비유 맨 마지막의 찬가에서 발견된다. 이 찬가의 주제는 교육의 본질 이다.

교육이란 어떤 사람들이 공언하여 말하는 것이 아니다. 그들 은 주장하길, 혼 안에 지식이 있지 않을 때, 마치 보지 못하는 눈에 시각을 넣어주듯, 자신들이 지식을 넣어준다고 한다. …
지금의 논의는 각자의 혼 안에 있는 이 힘과 각자가 이해하 는 데 있어서 사용하는 기관을, 이를테면 눈이 어둠에서 밝음 으로 향하는 것은 몸 전체와 함께 돌리지 않고서는 불가능하 듯, 마찬가지로 혼 전체와 함께 생성계에서 전환해야만 된다는 것을 시사하고 있다. 또한 이는 실재 세계와 그중에서도 가장 밝은 것인 선의 이데아를 관상하면서도 견뎌낼 수 있게 될 때 까지 해야만 된다는 것이다.[21]

따라서 이성의 질서의 구휼하는 힘은 절대 미와 선의 고고한 형태를 띠고 우리 밖에 존재하는 것이 아니다. 이 힘은 일시적인

---

21   *Ibid.*, 518 *b* and *d*. pp. 374, 375.

것이 아니라 각자의 영혼 속에 거하는 기관으로 우리 안에 존재한다. 모든 아름다운 것은 이 기관과 이 기관이 거하는 영혼 전체가 함께할 수 있을 때 가능해진다.

힌두교나 불교, 기독교에서는 플라톤의 이러한 단순한 포고처럼 사람들을 매료시킨 구휼의 선언을 좀처럼 찾아볼 수 없다. 플라톤의 포고는 기독교인과 비기독교인을 막론하고 모든 서구의 인간 이해를 관통해왔고 여전히 대부분의 교육 이론을 지배하고 있다.

플라톤으로부터 유래한 전통적 철학의 구조에서 살펴볼 세 번째 요소는 "주요한 주제" 혹은 "관심 분야"라고 불리는 것이다. 우리는 다음과 같은 질문을 던져야만 한다. "왜 전통적 철학은 논리학, 미학, 윤리학, 존재론, 인식론으로 나뉘어져 있는가?" 철학의 이러한 분화는 무의미한 것이 아니다. 이는 철학의 분화에 대한 공격에 전통 사상가들이 어떻게 반응했는지를 보면 잘 이해할 수 있다. 새로운 철학이 제시되는 방식은 과거 철학으로부터의 분절을 요구한다. 예를 들어 논리실증주의는 분화된 철학 분야들의 오래되고 유약한 구조를 전복함으로써 철학의 새로운 정체성을 세우도록 시도한다. 실증주의의 경우 모든 철학 분과, 특히 존재-형이상학은 진정한 철학적 동반자가 될 가치가 없다고 주장한다. 이 공격은 과거 철학의 폐부를 찌르는데, 철학 분과들의 위계가 전통적 철학의 원천인 울부짖음과 포고를 지지하고 입증하고 정당화하는 중요한 역할을 했기 때문이다. 이러한 분과들의 위엄 있는 지지가 없다면 울부짖음과 포고는 그저 날개 달린 말과 기묘한 인간들에 대한 흥미로운 전설이나 비유, 수사와 이야기로 남을 수밖에 없는데, 그중 어떤 것도 철학의 지적 권위를 높여줄 수는 없을 것이다. 말이든 동굴에 사는 사람이든 지적으로 존중받을 만하지는 않다. 태양도 철학적인 것이 아니라 시적인 표현일 뿐이다. 그래서 플라톤을 따르는 이들은 그가 보고 말한 것들을 변증할 필요성을 느꼈으며 정신의 분과들을 통하여 변증하였다.

이러한 주제나 분과를 형성하는 데 있어서 근본적으로 고려해야 할 사항은 신성한 존재의 질서가 여전히 이성적이고 선하고 아름답다는 첫째 포고를 발전시키는 것이다. 이 선언을 진지하게 받아들이는 철학자라면 이 신성한 질서가 분명히 존중받아야 하며 그러므로 신성한 질서의 모든 것이 그대로 받아들여져야 한다고 요구할 수밖에 없다. 우주는 이성의 우주이기에 인간의 로고스, 즉 인식론과 논리학을 통하여 사유되어야만 한다. 우주는 선善의 우주이기에 우주는 인간 선의 로고스, 즉 윤리학을 통하여 덕과 정의를 고찰할 필요가 있다. 우주cosmos는 그 이름이 선포하듯 아름다운 질서이기에 아름다움의 로고스인 미학을 통해 사유되어야 한다. 또한 우주는 존재 자체이기에 존재의 로고스, 존재 자체 *to on* 의 로고스, 존재론과 형이상학을 통해 숭배되어야 한다.

이러한 철학의 분화에 걸려 있는 문제는 진정 무엇인가? 이 질문에 대한 답은 기독교 신학의 분화와 철학의 분화를 비교함으로써 찾을 수 있을 것이다. 기독교 신학자는 왜 구약 성서를 연구할까? 왜냐하면 그들은 하나님이 선지자와 시편 기자와 왕 그리고 그 외 하나님의 사람들의 입을 통하여 그들에게 말씀해 왔다고 주장하기 때문이다. 기독교인은 하나님께 돌려야 할 것을 돌리기 위하여 구약 성서를 공부한다. 성실하게 성서를 연구하지 않는다면 하나님이 받아야 할 영광을 돌리지 못하게 될 것이다. 마찬가지로 기독교 역사도 공부해야 하는데, 기독교인은 하나님이 우리에게 끊임없이 말씀하고 계시며, 하나님이 우리에게 말씀하고자 쓰시는 방법 중에는 교회와 기독교 사상가도 있다고 믿기 때문이다. 이제 전통적 철학의 분화를 전통적 신학의 분화와 비교해보면, 양쪽 모두에 걸려 있는 문제는 지적 난제라기보다는 신을 향한 경배라는 점을 발견하게 된다. 다양한 철학 분과와 신학 분과를 가능케 한 것은 한편으로는 신의 존재이지만 다른 한편으로는 존재의 실재이다. 수십 년 전 실증주의자들이 철학 분과들의 구조를 부정하자 터져 나온 격분은 단순히 지적 구조가 훼손된 데 대한 학자들의 분노에서 비롯된 것은 아니었다. 그것은 무엄한 행동에 대한 종교적 책망의 격분이었다.

이러한 신을 향한 경배로서의 주요 주제와 분야 들의 특징은 전통적으로 신의 존재에 대한 다양한 논증들 속에서 중요한 것은 무엇인가 하는 점에 의해서도 밝혀질 수 있다. 그러한 논증들을 중요하게 만드는 것은 그들 주장의 타당성이나 설득력이 아니라 신은 그와 같은 방식의 이성적 행위로 찬양받으셔야 하는 분이라는 그들의 숨은 의도이다. 물론 신이 이성의 신이라면 신은 우리가 그의 존재를 증명하기 위하여 이성을 사용하길 요구할 것이다. 심지어 건조한 스콜라 철학에서도 이러한 증명은 그 기원이 넘치는 기쁨에 있음을 감출 수 없었다. "이것이 우리 모두가 신이라 부르는 것이다!"라는 아퀴나스의 외침에서 우리는 그 속에 담긴 분명한 기쁨의 탄성을 들을 수 있다. 심지어 매우 변화무쌍하며 불완전하고 우연적인 세계조차도 이성의 신이 존재한다는 것을 증명해준다. 이 세계는 인간이 신을 잃어버릴 수 없다는 것을 보여주는데, 그 이유는 인간에게 자신을 신에게로 인도하는 이성이라는 안내자가 있기 때문이다. 이 증명을 완성하는 데 어려움이 있을지라도! 사상가를 가로막고 있는 어려운 문제들이 있을지라도! 수도사는 자신의 일생을 바쳐 이러한 어려움과 문제들을 해결해나가는 것을 영광으로 여기는데, 그렇게 함으로써 신에게 영광을 돌리는 것이기 때문이다.

이러한 증명과 주장은 분명히 원시 종교에서는 일치하지 않았을 것이다. 원시 종교에서 신성은 신비로운 생명의 질서, 즉 원시 시대 신들에 의해 세워진 질서로 이해된다. 이 질서는 별과 인간과 가축에 대한 법칙, 사냥과 농사와 결혼에 대한 법칙, 봄과 여름과 겨울에 대한 법칙을 포함하는 것이다. 이 질서는 모든 생명과 삶을 유지시키기 위해 필요한 법칙, 제의, 기도와 희생제를 제정했다. 이러한 질서는 제의를 반복하고 법칙에 복종하며 신화를 이야기함으로써 숭배되어야 한다. 이러한 제의의 반복과 법칙에 대한 복종 그리고 신화를 이야기하는 행위가 기계적인 역할극 같은 것이라고 생각해서는 안 된다. 그것은 원시인들의 실제 삶의 방식이다. 원시인들은 마치 신화를 이야기하거나 의식을 거행하는 것이 자신들이 임의대로 선택할 수 있는 것인 양 살아가며 이따금씩 신화를 이야기하고 의식을 거행했던 것이 아니다. 이러한 행위들은 그들의 우주적 질서가 갖는 안정성의 실체였다.

아퀴나스의 주장과 원시인의 제의를 비교해보면 특정한 신, 특정한 인간, 특정한 관계가 서로 연계되어 있음을 알 수 있다. 이성의 신은 이성적 존재인 인간, 그리고 그 인간과 자신 사이의 합리적인 예배logica latreia의 관계를 요구한다. 생명의 원시적 우주 질서는 소우주로서의 인간, 그리고 인간의 삶 속에서 질서가 반복되거나 그대로 드러나는 관계를 요구한다. 유사한 방식으로, 도덕적 삶에 특별한 권위를 두는 이들은 그들의 신을 도덕적 신으로 만들었으며, 인간은 본질적으로 도덕적인 존재라고 이해한다.

전통적 철학의 또 다른 주제인 윤리학으로 눈을 돌려보자. 윤리학이 철학에서 중요한 분야라는 것은 전혀 놀랄 일이 아니다. 인간은 언제나 무엇이 선이고 누가 선하고 무엇이 최고의 선이고 무엇이 습득할 만한 가치가 있는 것인가에 대해 알기를 간구해왔다. 이러한 것들을 알기 원하는 이유는 호기심이나 철학적, 지적 관심 때문이 아니라 오직 그렇게 함으로써만 이성과 선의 질서에 참여할 수 있기 때문이다. 그렇기에 인간은 규범적인 윤리학에 노력을 쏟는 것이다. 그럼으로써 인간은 질서와 이성 그리고 선의 신에게 순종한다. 따라서 윤리학을 도덕적 이성에 대한 건조한 학문으로 가두어놓는 것은 의심의 여지없이 무용한 일이다. 논리실증주의자들과 네덜란드의 이삭 드 뷔시Isaac J. de Bussy, 니콜라스 보에르마Nicolaas Westendorp Boerma 같은 이들은 철학의 기능에 대한 "분석적"이해를 바탕으로 (선악을) 평가하지 않는 윤리학의 필요성을 피력해왔다. 윤리학을 이런 식으로 이해하는 것에 대한 반발은 미약하나마 전통적 철학과 긍정적인 관계를 맺었던 이들의 종교적 열정으로부터 나왔다. 윤리학을 무미건조한 분석의 주제로 만드는 것은 선과 이성의 신에게 마땅히 돌려야 할 경의를 표하길 거부하는 것을 뜻한다.

따라서 철학적 활동에 대한 참된 이해는 철학의 주요 주제와 영역 들을 그것들이 지시하는 신으로부터 분리시키는 것이 불가능함을 보여준다. 이성의 질서가 존재한다는 주장을 변증하고 발전시켜 나간다는 의미에서 위 주제들은 그 세계에 경의를 표한다. 우리는 위의 주제들을 통하여 자신의 신에게 영광을 돌리는 이들로부터 그 주제들을 분리하는 것이 불가능하다는 것을 (아퀴나스와 원시인과의 비교를 통하여) 이미 살펴보았다.

또한 신에 대한 다양한 개념만큼이나 신에 대한 서로 다른 다양한 이해가 있듯이 서로 다른 "인간"들만큼이나 다양한 철학적 주제가 존재한다. 예컨대 지식을 가진 인간man-who-knows은 철학을 통하여 이성의 신에게 영광을 돌리고, 존재하는 인간man-who-exists은 자신의 존재함을 통하여 존재의 신에게 영광을 돌리며, 선한 인간man-who-is-good은 선한 삶을 통하여 도덕적 신에게 영광을 돌린다. 그런데 이 모든 것이 이야기하는 한 인간, 곧 탁월한 인간man-in-his-excellence이 있다. 이 인간은 세계정신world-mind의 작은 조각을 부여받았기에 하나의 소우주이다. 그러나 이 작은 우주 조각 덕분에 인간은 선과 조화와 아름다움 그리고 무엇보다도 존재에 참여할 수 있다. 우리는 또다시 이 탁월한 인간 속에서 질서가 승리한다는 기쁨의 포고가 메아리치는 것을 듣는다.

전통적 철학의 주제들이 갖는 이러한 측면의 중요성을 충분히 이해하려면 이를 인간 이해의 다른 방식들과 비교해봐야 한다. 예컨대 하이데거와 사르트르가 전통적 철학의 추종자들을 설득하는 데 어려움을 겪은 것은 이 두 철학자가 탁월한 인간에 대해 사유해보기를 포기했기 때문이다. 하이데거는 사유하는 인간, 도덕적 존재로서의 인간, 예술가로서의 인간을 출발점으로 삼아서는 인간을 이해하는 것이 불가능하다고 말한다. 우리는 분노에 찬 인간, "그들das Man"로서의 인간, 즉 영광스럽지 않은, 탁월하지 않은 일상적 존재로서의 인간을 연구해야만 한다는 것이다. 하이데거는 우리에게 망치를 사용하고 잃어버리는 인간, 수다를 떠는 인간, 궁금해하고 불안해하는 인간, 죽음을 앞둔 인간을 고민해야 한다고 주장한다. 사르트르는 인생 만사에 염증을 느끼는 앙투안 로캉탱Antoine Roquentin[22]을 제시한다. 성서 역시 인간을 죄와 믿음 사이에서 갈기갈기 찢긴 존재로 그린다. 불교

---

22 사르트르의 소설 《구토》의 주인공―옮긴이.

는 우리를 고통받는 인간이라고 부른다. 반면 전통적 철학은 우리에게 다른 인간을 보여준다. 신의 존재를 "증명"하며 인간은 무엇보다 자기 자신을 이 증명을 감행할 수 있는 인간, 즉 이성적 탁월성을 지닌 인간으로 정립한다. 그는 자신을 비이성적 실재들 위에 있는 것으로 격상시킨다. 인간은 자신을 "증명"한다. 다음으로 그는 스스로를 실존적 존재로 나타낸다. 신이 존재하기 때문에 신의 존재를 증명하는 인간도 존재한다. 증명되는 것은 단순히 신의 존재만이 아니다. 전체 구조, 모든 것을 포괄하는 신, 세계, 인간 그리고 그것들 사이의 관계도 또한 증명된다. 설계자인 신만이 아니라 신의 설계를 통하여 창조된 것들, 그리고 신의 설계를 알아차리고 그것들을 신의 작품으로 이해할 수 있도록 하는 올바른 이성을 부여받은 인간. 여기서 우리는 원시적 사유와의 유사성을 발견할 수 있다. 이 질서를 세운 것은 신이었으나 철학함 속에서 이를 존중할 수 있고 존중해야만 하는 것은 인간이다. 인간은 철학과 원시적 사유 모두에서 소우주이다.

중세 시대에 신학은 분과 학문 중 하나가 되었다. 그러나 신학은 단순히 철학 분과 중 하나로 추가된 것이 아니라 철학적 주제들과 더불어 더욱 커다란 전체 속에 자리 잡게 된 것이다. 신학은 가장 중요한 학문 중 하나이지만, 그렇다고 중세 시대에 다른 학문들의 위상이 약화되었다는 것은 아니다. 스콜라주의의 신은 이성적 방법과 도덕적 행동을 통해 경배해야만 하는 신으로 남아 있다. 인간은 탁월한 인간으로 남아 있지만 '종교적 인간'이라는 또 하나의 탁월함이 더해졌다. 이것은 모든 능력 중에서 가장 근본적인 능력이 아닌가? 말하자면 인간은 변화무쌍하고 두려운 우발적 사건들, 부패와 죽음의 세계를 초월하는 능력을 가졌다는 것이 아닌가? 인간은 "독립적 이성"으로써 신에 대하여 알아야 할 모든 것을 알 수는 없다. 하지만 자기 자신의 힘에 근거하여 신이 존재한다고 주장할 수 있다. 인간의 다른 탁월함들은 모두 이것에 뿌리박고 있다. 종교성 속에서 인간은 유한한 존재로서의 한계를 넘어 가장 큰 승리를 거둔다.

이러한 초월성의 힘에 대한 믿음을 파괴하였기에 흄과 칸트는 오늘날까지도 두려움의 대상이다. 만일 인간이 승리를 거둔 인간이 아니라 자신의 한계를 알아야만 하는 비루한 피조물이라면 전통적 철학에 대한 신뢰는 사라질 수밖에 없다. 만일 이성이 인간 안에 내재된 우주적 힘의 조각이 아니라 인간의 여러 능력 중 하나라면, 이성은 날개를 잃고 더 이상 초월하는 종교적 힘을 갖지 못할 것이다. 이성은 날개를 잃고 두 다리로 걸어 다니게 되었고 또한 비종교적인 것이 되어왔다. 이러한 공을 세운 흄과 같은 철학자는 인간을 유한성의 올가미에 가두어놓은 것이 분명하다. 만일 이성이 스스로를 비판한다면, 스스로의 한계를 인식한다면, 자신의 한계를 넘지 않기 위하여 스스로를 점검해봐야 한다면, 확장의 욕구가 거의 불가능하다는 것을 인정해야만 한다면, 인간은 자신이 하고 있는 것을 철학이라 부를지라도 실은 철학을 변성시키고 탈성화脫聖化하는 것이다. 흄과 칸트는 종교적 인간homo religiosus의 기반을 파괴하였다. 이제 인간에게 남은 발판이라고는 경험과 감각과 예감Ahnung과 도덕적 경험의 영역뿐이다.

전통적 철학의 분과들이 보여준 바와 같이 탁월한 인간의 상황이 주제와 울부짖음의 관계에 대하여 우리에게 보여주는 것은 무엇인가? 분명 포고들은 여기서 한층 더 정교해지고 있지만, 울부짖음은 입에 재갈이 물리는 과정 중에 있다는 것 역시 분명한 사실이다. 선의 이데아가 사물들에 진리를 그리고 인간에게는 진리를 아는 기관을 부여했다는 플라톤의 우주 이해는 중세 철학에서 다뤄진 바와 같은 지성과 사물의 일치adaequatio intellectus et rei이론[23]과 직접적 관계가 있다. 전통적 철학의 주장은 충실하게 정교해지고 발전되며 펼쳐졌기에 우리는 전통적 철학의 풍부한 유산을 보고 즐길 수 있는 것이다. 그러나 그와 동

---

23   Thomas Aquinas, *De Veritate* Q. 1, A. 1 & 3; *Summa Theologiae* I, Q. 16, A. 2 참조—옮긴이.

시에 울부짖음은 억압돼왔다. 스콜라 철학, 로마 가톨릭, 그리고 개신교 신학의 탁월한 인간은 욥처럼 벌거벗은 채로 울부짖고 있는 플라톤의 반대편에 있다. 철학적 주제들, 즉 각기 다른 철학적 분과의 층위에서 보면 이미 많은 것들이 정립되고 증명되고 확정된 반면, 울부짖는 한 인간으로서의 철학자는 그와 반대되는 상황에 처해 있다. 중세 철학자는 안전하다. 그들은 교회라는 안전한 집에 거한다. 플라톤의 상황은 안전하지 못하다. 그는 환희 속에서 또한 고통 속에서 울부짖는다. 악마들이 바로 눈앞에 있기 때문이다. 플라톤에게는 손에 꼽을 만큼 소수의 친구만이 있을 뿐이다. 소크라테스는 처형되었다. 그는 아테네의 정치에 맞지 않는 사람이었다. 플라톤은 벌거벗은 채로 무방비 상태였지만 이를 부끄러워하지 않았다. 그는 혼돈에 대항하여 그리고 선과 존재를 위하여 울부짖었다. 이러한 그의 시도는, 간혹 고전 철학과 중세 철학, 신학과의 다툼도 있긴 했지만, 주로 안락한 삶을 원하는 이들에 의해 숨통이 막혀 왔다. 누가 울부짖음으로 살아갈 수 있겠는가? 누가 이러한 시끄러운 소음을 듣고 싶어 하겠는가? 신망 있는 유구한 철학 학파들(혹은 존경받는 교부들)의 인도 아래 명석 판명한 이성은 우리가 살아가고, 교회를 만들고, 문명을 이루도록 해주었다. 그 누가 혼돈의 나락의 언저리에서 플라톤의 불확실하고 불안한 균형을 받아들일 수 있겠는가? 인간은 무엇으로 살 수 있는가? 울부짖음으로? 포고로? 신중하고도 폭넓은 철학적 사유로? 이 모든 것으로?

　전통적 철학의 구조에서 살펴볼 마지막 요소는 기술적 논쟁들이다. 다양한 주제와 분과가 확립되고, 그 방법론이 규명되고, 각각의 주제에서 기본적이고 근본적인 이슈들이 제기된 다음에는 정교화해야 할 각론적 문제들이 남게 된다. 얼마나 정확하게 우리는 보편universalia 과 사물들 사이의 관계에 대하여 생각할 수 있는가? 보편은 사물 앞에ante rem 있는가, 사물 뒤에post rem 있는가, 아니면 사물 안에in rebus 있는가? 혹은 어떤 이가 논리적 경험론의 특징들을 찾아낸 뒤 어떤 경험으로부터 명백히 참된 원자 명제protokollsätze[24]를 구분해내는 것은 가능한가? 얼마나 많은 천사들이 바늘 위에서 춤출 수 있을까? 아름다움은 내적인 것인가 외적인 것인가? 문 밖에 악어가 있다면 우리는 그것을 어떻게 알 수 있는가? 각각의 질문에 대해 여러 가지 입장을 취할 수 있는데, 이러한 입장의 차이들은 어떠한 근본적인 문제들을 드러낼 것이다. 우리는 기술적 논쟁을 하찮은 문제로 취급해서는 안 된다. 그러나 대부분의 경우 사람들은 근본적인 문제들

24　가장 단순하여 더 이상 분석될 수 없는 명제—옮긴이.

을 제기하는 대신 단순히 들먹이기만 할 뿐이다. 전반적으로 그들은 잘 확립된 분과와 한정된 논의 범위, 잘 훈련된 학자 그리고 교실의 분위기를 전제한다. 훌륭한 철학 기술자가 되기 위해서는 더 이상 울부짖음을 듣는 것이 필요하지 않다. 사람들은 울부짖음을 듣는 것이 거슬린다고까지 말하게 되었고 이러한 분위기는 명석하고 똑똑한 이들에게 영향을 미치게 되었다.

따라서 기술적 논쟁에서 우리는 주요 주제들에서보다도 울부짖음으로부터 더 멀리 떨어져 있다. 플라톤의 울부짖음은 무엇보다 변화, 소멸, 부패 그리고 피할 수 없는 죽음의 위협에 대한 저항이었다. 어떤 철학 학술지에서 죽음에 대한 논의를 찾아볼 수 있는가? "실존주의"에 오염된 학술지에서만 볼 수 있을 뿐이다. 그럼에도 불구하고 철학자들은 계속해서 플라톤을 인용한다. 플라톤의 원초적 울부짖음은 질식당해 왔다.

아리스토텔레스 역시 거의 울부짖음에 가깝게 표현하였다. 《형이상학 *Metaphysics*》의 첫 문구는 대개 이렇게 번역된다. "모든 인간은 본성상 알기를 욕구한다." 여기서 욕구한다라고 번역된 그리스어는 "무언가를 향하여 뻗어나가다"라는 뜻의 '오레고마이oregomai'이다. 아리스토텔레스가 감각을 통하여 아는 것을 언급한 문맥에서 본다면 그 단어의 표면적 의미를 받아들이는 것은 가능하다. 하지만 오레고마이라는 단어를 전체 절과 연계해서 봐야만 한다. 그렇게 하지 않으면 이 단어는 대단히 일차적 수준의 뜻만을 지니게 된다. 이런 맥락에서 볼 때 중요한 것은 인간과 다른 동물들 간의 차이이다. 동물들은 본성적으로 오직 감각만을, 때로는 기억을 사용할 줄 아는 반면 인간은 "본성적"으로 "알기"를 "욕구"한다. 여기서 "안다는 것"은 사소한 것으로 받아들여지지 않는다. 아리스토텔레스는 보편적 판단을 하는 능력만을 염두에 두지는 않았으며 또한 여유로운 시간을 즐길 수 있는 문명권에서만 발견할 수 있는 과학을 위한 과학에만 관심이 있던 것도 아니다. 우리가 주의를 기울여야 할 것이 더 있다. 이 단락 전체에서 우리는 인간이 참된 지혜를 향해 "뻗어 나가는" 것을 볼 수 있다. 실용성보다 위에 있는 것이 유희이고 유희보다 위에 있는 것이 과학이다. 인지 기관을 가지고 있는 것은 좋은 것이지만, 그 위에 있는 것이 경험이 있는 인간이며, 그보다 더 위에 있는 것은 숙련공이고, 그보다도 더 위에 있는 것이 명장master-worker이다. 그 위로는 이론적 지식을 가진 자가 있고, 맨 위에는 지혜를 가진 자가 있다. "계층적 사유"라고 부를 만한 것의 또 다른 예시가 같은 절 안에 더 있는데, 철학은 신화보다 위에 있고, 단순한 생산의 과학보다도 위에 있다. 철학은 심지어 시인들의 아름다운 시보다도 값진 것이다. 아리스토텔레스는 인간의 놀라운 능력에 대한 자부심과 기쁨 속에서 "더 높이!"라고 외친다. 인간은 가장 높은 곳에 다다를 수 있다. 인간은 지혜에 도달할 수 있다. 인간은 가장 높이 있는 존재가 될 수 있고 지혜로운 인간이 될 수 있다!²⁵

하지만 플라톤 이후 어떤 철학자도 아우구스티누스만큼 열정을 다하여 전통적 울부짖음을 외치지는 않았을 것이다. 그의 모든 글이 대조로 가득함을 안다면 이는 한층 분명해질 것이다. 그는 이렇게 말한다.

우리가 이 육체를 입고 있는 동안 감각적인 것들은 지양되어

---

25 키텔의 《신약 신학 사전*Theologisches Wörterbuch zum Neuen Testament*》에서 하이드란트Heidland는 오레고마이oregomai와 오렉시스orexis에 대해 논하는데, 그에 따르면 소크라테스 이전에는 이 두 가지가 별다른 고민 없이 혼용되었다고 한다. 또한 그는 플라톤도 철학을 정의하고자 이 말을 사용하지만("철학은 언제나 존재의 지식에 도달한다. *philosophia tes toon ontoon aei episteme orexis*," Def. 414 b; Rep. VI 485 d; Phaed. 65 c) 여기에 별다른 중요성을 두고 있지는 않다고 주장한다. 오직 아리스토텔레스와 스토아학파에게만 orexis는 특별한 의미를 띤다. 여기서 우리는 orexis에서 육체적인 것과는 구분되는 정신적인 것을 보게 된다. 이 말은 생명을 향한 인간 태도의 정수를 표현해주는데, 인간의 지상 목표는 본성에 따라 뻗어나가는 것oregesthai kata physin이라는 것이다. 필로는 이 용어들을 더 높은 세계를 향한 영혼의 그리움을 가리키고자 사용하였다.
신약 성서에서는 oregomai 동사가 많이 사용되고 있지 않은데, 그중 두 번은 "욕구" 혹은 "강한 욕구"(디모데전서 3:1, 6:10)로 일상적으로 쓰이는 말이고, 다른 한 번은 보다 깊은 의미로 쓰인다. 히브리서 11장 16절에 따르면 믿음은 더 낳은 고향을 향한 oregesthai이다. 여기서 모든 존재를 걸고 성스러운 실재를 향하여 뻗어나간다는 강력한 의미로서 이 동사를 이해할 수 있다.

야만 하고 깊은 주의가 필요하다. 이 암흑에서 빛으로 날아오
르려 한다면 지금은 육체의 유혹에 갇혀 있는 날개가 필요함을
우리는 알게 될 것이다.[26]

영혼의 날개는 육체의 사슬과 대조된다. 어둠을 비추는 것이
빛이다. 만일 아우구스티누스가 언제나 반쪽만을 허용하고 그와
반대되는 나머지 반쪽은 허용하지 않는다고 생각한다면 굉장히
잘못 짚은 것이다. 어둠의 세계의 사악한 유혹을 경험을 통해 알
고서 존재 전체를 걸고 또 다른 빛의 세계를 갈구하는 한 인간이
여기 있다. 아우구스티누스는 크게 소리 내어 울부짖는다. 모든
것에 대한 형이상학적 묘사가 그의 주장 속에 암시되어 있지만
그는 이를 먼저 제시하지는 않는다. 그는 의심을 품을 수 없는
말씀을 선포하는 설교자가 아니었다. 비록 그의 말 속에 그러한
설교가 내포되어 있기는 하지만 말이다. 아우구스티누스는 두
세계 사이에서 찢긴 사람이며, 우리의 육체와 육체의 욕망 그리
고 감각의 세계에서 향유될 수 있는 것들의 위세를 의미하는 저
급한 세계의 힘에 대항하여 울부짖은 사람이다. 아우구스티누스

---

26   Erich Przyware, *An Augustine Synthesis* (New York: Harper & Row, 1958), *Soliloquy*, I,
xiv, 24, p. 1.

는 또 다른 세계, 부패하지 않는 것, 참된 아름다움 그리고 하나님을 향해 울부짖었다. 그는 다음과 같이 썼다. "세상의 아름다움을 사랑하는 사람들처럼 그것에 집착하지 말자. 하나님을 찬미하는 사람들이여 그것들을 넘어서자."[27] 아우구스티누스는 그 자신이 세속적인 아름다움에 천착했기에 울부짖었다. 여기 존재의 존재론적 구조를 전하는 천상의 기자, 초인의 평정이 아니라 자신이 여전히 사랑하는 것으로부터 멀어져가길 원하기에 고통 속에서 울부짖는 한 인간이 있다.

"세계"라는 말은 아우구스티누스 자신이 사용한 말은 아니지만 이러한 맥락에 매우 적절한 말이다. 분명 아우구스티누스는 인간을 다뤘지만, 개인을 생각한 것이 아니라 두 세계 사이에 그리고 동시에 각각의 세계에 위치한 하나님의 피조물을 생각한 것이다. 이 보이는 세계는 유한한 육체적 존재들의 거처이다. 그리고 우리는 그 안에 있는 집에 거하고 있다. 이를 가리켜 아우구스티누스는 다음과 같이 말한다. "우리는 지적인 것들보다 보이는 것들을 더 쉽고 친근하게 대한다. 후자가 육체적 감각으로 인지된다면 전자는 정신으로 이해된다."[28] 그다음 문장에서 아

---

27   Ibid., *Contra Epistolam Manichaei quam vocant fundamenti liber unus*, XLII, 48, p. 1.

28   Ibid., *De Trinitate libri quindecim*, XI, I, 1, p. 3.

우구스티누스의 내적 분열, 즉 두 세계 속에서의 그의 존재는 고통스럽게도 분명해진다. "우리에게 생명이 있는 한 우리, 즉 우리의 영혼은 육체로 이루어진 감각적인 것이 아니라 지적인 것이다."[29] 우리는 진정으로 육체가 아니라 영혼인가? 진정 이 입장을 견지할 수 있는가? 아우구스티누스 자신은 무엇이라 하는지 들어보자.

육체에 대한 우리의 친밀감은 대단히 크고 우리의 사유는 외부의 육체적인 것들을 향하여 투사하려는 성향이 있다. 사유가 육체적인 것들의 불확실성으로부터 멀어진다면 영혼은 훨씬 더 안정적인 인식에 머물게 될 것이다.[30]

이 "친밀감", 자기를 투사하는 사유, 이 놀라운 성향을 가진 이가 아우구스티누스 자신이라는 것을 누가 부정할 수 있겠는가? 그러므로 아우구스티누스의 울부짖음은 철창 혹은 낯선 나라에 갇힌 죄수의 울부짖음이 아니라 산산이 조각난 내적 존재로 인해 고통받고 있는 이의 울부짖음이다. 그는 사악한 힘의 희

---

29 *Ibid.*
30 *Ibid.*

생자이거나 위험에 빠진 생명을 이어가고 있을 뿐 아니라 자신의 전일성에 범죄를 저지르는 공범자이기도 하다. 그는 자기 스스로와 모든 인간에 대하여 낙담한 채 울부짖었고 도움을 요청하는 뜨거운 기도를 하였다. 아우구스티누스는 "우리는 우리 영혼의 연약함에 적응해야 한다"며 낙심하였다. 만일 우리가 "내적이고 영적인 것들에 대하여 논의하고자 한다면, 육체에 관계된 외적인 것들로부터 유사한 예를 찾아야만 할 것이다."[31] 그리하여 아우구스티누스는 위대한 사상을 울부짖으며, 다른 한편으로는 위대한 사상을 가로막으며 영혼을 "지나가버리면 없어질" 감각적인 존재의 늪으로 가라앉히는 세계를 결박했다.

아우구스티누스의 울부짖음의 가장 강력한 추동력은 특정한 것, 즉 특정한 정신, 특정한 인간의 비실재성에 대한 깨달음이다. 그는 이렇게 말한다. "인간 정신이 스스로를 알고 사랑할 때 그 정신은 변하지 않는 것을 알지도 사랑하지도 못한다."[32] 진리를 찾는 이는 "특정한 한 인간의 정신이 아니라 영원한 계획에 따라야 하는 것들"[33]과 관계한다고 아우구스티누스는 주장한다. 《삼위일체론 De Trinitate》 9권에서 그는 존경과 사랑을 받을 자격이

---

31 *Ibid.*

32 *Ibid.*, IX, vi, 9-11, p. 12.

33 *Ibid.*

없지만 그럼에도 존경과 사랑을 받는 어떤 순교자의 비극을 보며 특정한 인간의 문제를 다룬다. 아마도 그 순교자는 탐욕이나 허영의 발로로 그런 행위를 하였을 것이다(또한 그는 아마도 이교도일 것이다). 그러나 그가 기독교인의 사랑을 받을 자격이 없다는 것은 분명하다. 아우구스티누스를 괴롭힌 질문은 순교자적 행동의 참된 원천이 어떠한 것인지 알게 되면 이러한 자격 없는 사람에 대한 사랑이 변해야만 하는가 하는 것이다. 만일 그 사랑이 변해야만 한다는 것을 인정한다면 그 충격은 인간의 죄에 대한 발견보다 더 큰 것이 될 것이다. 아우구스티누스는 의심한다. 자신의 존경심에 찬 사랑이 변할 수 있고 헛되고 가치 없는 것이 될 수도 있다. 그 사랑은 배고픔과 갈증과 같은 육체적 욕구가 항상 변하는 것과 마찬가지로 변하기 때문이다. 그러나 변한 것은 자신의 사랑과 존경이 아니라 단지 가치 없는 순교자에 대한 평가일 뿐이라는 것을 깨닫게 되었을 때 이 서글픈 논의는 기쁨의 울부짖음이 된다. 의심하는 인간은 기껏해야 존재할 뿐이지만 영원을 사랑하는 이는 준엄한 정의의 사도가 된다. 아우구스티누스는 자신의 사랑이 여전히 동일하다고 기쁨으로 울부짖고, 그 울부짖음은 포고로 넘어가게 된다. 사랑은 언제나 동일하고 동일할 수 있고 동일해야만 한다는 사실은 "불변의 정의로부터 내려온 명령"에 의거한다.[34] 그리고 "흔들림 없는 안정적인 진리의 이데아 그 자체는 고정되고 부패하지 않는 최고의 이성인 영원함 속에서 드러난다."[35]

하지만 이는 참된 "포고"가 아니다. 우리가 실제로 듣는 것은 기쁨과 슬픔의 찬가다. 울부짖음의 고통은 마지막에는 누그러지는데 그 이유는 영원함은 변치 않으며, 하나님의 빛은 평온하고, 진리는 불변하기 때문이다. 심지어 순교자가 가짜라고 할지라도 정의와 진리는 파괴될 수 없으며, 나아가 우리는 그것들을 알고 사랑할 수 있다! 아우구스티누스의 찬가에 포함된 그의 울부짖음과 포고는 인간과 역사, 순간적인 것과 영원한 것 모두를 아우른다. 인간의 배신과 죄가 아니라 진리가 승리한다.

또한 아우구스티누스의 울부짖음은 인간은 그 무엇도 알 수 없다고 주장하는 아카데미학파의 회의주의에 대항하는 격렬한 투쟁의 울부짖음이다. 이 무책임한 사상가들은 다음과 같이 주장한다. "아마도 당신은 잠을 자고 있기에 그것을 알지 못한다. 당신이 보는 것 또한 꿈속에서 보는 것이다." 이 철학이 되고자 하는 잘못된 지혜, 反철학은 아우구스티누스 자신의 가슴속에 있던 의심을 표현한 것이다. 아우구스티누스와 그들의 차이는

---

34   *Ibid.*, p. 14.
35   *Ibid.*

그들은 손쉽게 현 상태에 만족함으로써 냉소적인 미소를 띠고 있는 반면, 아우구스티누스는 갈등으로 갈기갈기 찢겨 있다는 것이다. 이 회의주의자들은 우리의 감각과 감각을 통해 얻는 지식의 비실재성을 지적한다. 그러나 그들은 자신의 반쪽짜리 지식에 만족한 채 거기서 멈추었다. 그들은 나머지 반쪽인 대상의 영원한 본질에 참여하는 변치 않는 불멸의 지식을 갈구조차 하지 않았다. 아우구스티누스는 영원한 본질에 참여하기 위해 투쟁해왔는데, 이 영원한 본질에의 참여는 우리 지식의 옳고 그름을 지적으로 확증하는 것이 아니다. 그것은 존재의 문제이다. 왜냐하면 우리가 이러한 불멸의 진리를 안다면, 그것들을 사랑하여 그것대로 살아가지 않을 수 없기 때문이다. 진리와 정의를 알지도 사랑하지도 않는 이들은 얼마나 저급하고 불쌍한가! 회의주의자들과 함께 감각을 통해 얻은 지식을 업신여기는 아우구스티누스 자신은 얼마나 불쌍한가. 이 터무니없는 속임수에 대한 고결한 반대인 이데아와 그 지식의 영광을 더 힘차게 노래하기 위하여 그 자신의 회의를 키워나간 아우구스티누스는 얼마나 심하게 찢겨 있는가. 언제나 철학적 속임수('의심하는 것은 나이고, 그러므로 최소한 나는 존재한다')와 신학적 도피처('나의 감각은 나를 속이거나 속이지 않는다. 그러나 나에게 감각을 주신 이는 하나님이므로 감각을 믿지 않는 것은 불경스러운 일이다')

를 가지고 있었으면서도 모든 의심에 의심을 더하고 이를 소리 내어 말하는 아우구스티누스는 얼마나 분열되어 있는가. 아우구스티누스는 철학적·신학적 "논증"으로는 잠잠해지지 않는 자기 안의 회의주의자의 목소리와 싸우며 울부짖는다.[36]

선택preference이란 개념을 중심으로 형성된 포고는 아우구스티누스 사유의 핵심에 속한다. 인간이 순간적인 것보다 영원한 것을 선택한다는 것은 그에게 자명한 사실이다. 이 자명함 속에서 그의 울부짖음이 터져 나오기 시작한다. 아우구스티누스는 고도의 전문 용어들을 개발하지 않고 자기 논의의 한계를 명확히 규정하지 않은 채 이미 많을 것을 당연하게 받아들인다. 그러나 그의 절망은 뒤로 물러나고 분명한 질서에 대한 선포가 전면에 등장한다. 의심들은 이성의 합리적 방법으로 사라지게 된다. 모든 인간은 세 층위의 진리—인간 정신보다 열등한 진리, 인간 정신과 동등한 진리, 인간 정신보다 우등한 진리—가 있음을 인정해야만 한다는 것이 그 전제다. 여기서 아우구스티누스는 "우리 모두가 분별하는 진리의 내적 법칙들"[37]에 관심을 보이고 있으며, 이 법칙들이 모두 우수한 종류의 진리라는 것을 보여주기

---

36   *Ibid.*, XV, xii, 21, pp. 4-6.

37   *Ibid, Dr libero arbitrio*, II, xii, 33, 34 ; xiii, 35 ; xv, 39, p. 15.

원한다. 이를 위해 그는 의문시되는 진리는 우리 정신보다 열등한 것도 아니고 우리 정신과 동등한 것도 아니라는 것을 증명해야만 했다. 이 증명에서 당연시되는 것은 진리들의 질서가 정립되어 있다는 점이다. 이는 결과적으로 우주에는 질서가 있고 진리의 다양한 층위에 대한 우리의 지식에 질서가 있다는 것을 의미한다. 나아가 아우구스티누스는 인간에게 이러한 다양한 층위를 정확하게 분간할 수 있는 능력이 있다고 확신한다.

> 누군가 순간적인 것보다 영원한 것을 선택해야 한다고 말하고, 7 더하기 3은 10이라고 말할 때 그 누구도 그것들이 사실임이 틀림없다고 말하는 것은 아니다. 그들은 이미 그러하다는 것을 알기 때문이다. 그들은 이 사실을 바꾸는 것이 아니라 그것을 발견함으로써 기뻐한다.[38]

불변의 진리를 인식할 수 있는 능력은 수학에서 그 예를 찾아볼 수 있다. 선택의 개념에 속하는 진리와 확실성은 수학과 논리학의 그것과 같은 의심의 여지없는 확실성이다. 이것은 모든 울부짖음을 누그러뜨리는데, 결국 인간은 정확한 선택을 하는 존

---

38   *Ibid.*

재이기 때문이다. 인간은 의심의 여지가 없는 수학적 진리와 내적 법칙을 발견할 수 있는 이성적 동물이다. 인간은 이러한 진리를 즐길 수 있는 피조물인 것이다.[39]

그러나 울부짖음은 결코 완전히 잠잠해질 수 없다. 《삼위일체론》 15권에서 아우구스티누스는 하나님을 찬미하는 흥미로운 찬가를 들려준다.

모든 자연이 우리에게 하나님에 대하여 가르치네. 그렇기에 우리는 하나님이신 삼위일체를 영원하고 물질이 아니며 변하지 않는 것들 속에서, 우리에게 축복을 약속한 완전한 묵상 속에서 찾는다. 성서의 권위뿐만이 아니라 우리와 관련된 우리를 둘러싼 모든 것들이 우리에게 하나님에 대하여 증언한다. 모든 자연은 우리에게 선택하는 분별력의 수단이 되는 정신과 천부적 이성을 준 가장 위대한 창조주가 있음을 보고한다. 정신과 천부적 이성의 방법을 통하여 우리는

살아 있지 않은 것들이 아닌 살아 있는 것들을
의식이 없는 것이 아닌 의식이 주어진 것들을

---

39   *Ibid.*

지성 없는 것이 아닌 지성 있는 것들을

유한한 것이 아닌 영원한 것들을

힘없는 것이 아닌 힘 있는 것들을

정의롭지 못한 것이 아닌 정의로운 것들을

볼품없는 것들이 아닌 격조 있는 것들을

사악한 것이 아닌 선한 것들을

부패되는 것이 아닌 부패되지 않는 것들을

변하는 것이 아닌 변하지 않는 것들을

보이는 것이 아닌 보이지 않는 것들을

육체 있는 것이 아닌 육체 없는 것들을

저주받은 것이 아닌 축복받은 것들을

선택한다.

따라서 어떠한 의심 없이도 우리는 피조된 것이 아닌 창조자
를 선택하기에 하나님은

가장 뛰어난 감각을 가지고 계시고

가장 뛰어난 감각으로 모든 사물을 알고 계시고

가장 뛰어난 감각으로 모든 것을 이해하시고

죽지 않으시며

부패되지 않으시며

어떠한 변화도 겪지 않으시고

육체가 아닌 영이시며

모든 것 위에 가장 완벽한 힘이시며

가장 완벽한 정의이시며

가장 완벽한 고귀함이시며

가장 완벽한 선이시며

가장 완벽한 축복이심을 인식해야만 한다.[40]

이 찬가는 모든 두려움을 누그러뜨리고 모든 의심을 사그라 뜨리며 하나님의 축복받은 힘과 은혜를 가장 완벽하게 확언하고 있다. 이것은 마치 찬미의 피라미드, 하나의 송영이 끝나면 다음 송영을 읊으면서 하나하나 올라가는 호칭기도呼稱祈禱[41]와 같다. 그러나 울부짖음을 막을 수는 없다! 대구로 이뤄진 아우구스티누스의 선포는 온 세상을 가로지르는 깊은 협곡을 암시한다. 이 깊은 협곡이 아우구스티누스의 심장을 가로지르고 있다는 것 또한 잊어서는 안 된다. 그는 자신의 삶의 절반은 축복하지만 나

40　*De Trinitate*, XV, iv, 6.

41　여러 성인의 이름을 부르며 하는 기도─옮긴이.

머지 절반은 잊어버리라고 요청한다. 그는 우리에게 영광스러운 절반의 삶을 향하여 고개를 돌리라고 요청하며, 그 영광스러운 절반의 삶이 있다는 것은 가장 위대한 방식으로 이 모든 영광을 받고 있는 존재가 있을 수밖에 없다는 것을 의미한다고 소리친다. 이는 마치 아우구스티누스의 다음과 같은 울부짖음과 같다.

성서가 우리에게 그러한 하나님에 대하여 말하지 않는다 하더라도 우리는 하나님에 대하여 알 수 있을 것인데, 그 이유는 모든 선함, 모든 완벽함, 모든 영광이 그를 가리키고 있기 때문이다. 하나님은 존재해야만 하는데, 그렇지 않다면 인생은 선하고 정의롭고 부패하지 않는 것과 사악하고 불의하며 부패하는 것들 사이의 무의미하고 처절한 싸움일 뿐이기 때문이다.

다른 말로 하자면, 그러한 존재 없이는 우리 인간은 혼돈 속에서, 지옥에서 살 수밖에 없을 것이다.[42]

---

42 《자유의지론*De libero arbitrio*》에서 인용한 위의 문구에서 그리고 이번 장에서 중요한 역할을 하는 "선택preferring"이란 개념은 아직 그 의미가 세심하게 논의되고 정확하게 서술되지 않은 듯하다. 아우구스티누스는 이렇게 말한다: *viventia non viventibus … praeferenda videamus*. 그러나 몇 줄 뒤에서 아우구스티누스는 다른 동사를 사용한다: *rebus creatis Creatorum … praeponimus*. 다른 인용문에서 그는 또 다른 문장을 사용한다: *aeterna temporalibus esse potiora*. (*De Trinitate*, XV, iv, 6─옮긴이.)

2장   실증주의와 실존주의의 울부짖음

A. 실증주의의 울부짖음

실증주의라는 철학 형식을 알고 있는 이들에게 실증주의 역시 울부짖음으로부터 출현했다는 주장은 이상하게 들릴 것이다.[43] 실증주의는 그 출발에서부터 과학과 밀접한 관계를 맺으며 자신의 주장을 펴왔다는 사실 때문에 엄격하게 합리적인 근원 이외의 것들과의 연관성을 찾아보는 것이 가로막혀온 경향이 있다. 그러나 보다 전통적인 철학의 형식인 플라톤주의에서와 마찬가지로 실증주의 한가운데서도 인간의 벌거벗은 모습과 인간화를

---

[43]   물론 모든 실증주의자들이 앞으로 나올 일반적인 설명에 들어맞지는 않을 것이다.

향한 움직임을 찾아볼 수 있다. 먼저 실증주의에 숨겨져 있는 부정적 울부짖음부터 살펴보자.

실증주의는 모든 이들이 존재 자체, 신성한 도덕적 질서, 우주적 이성에 대해 말할 수 있고 또 알아야만 한다는 문화 속에서 탄생했다는 것을 기억할 필요가 있다. 실증주의자들은 다른 이들이 거대한 구조로 이해하고 있는 그것을 고찰하면서 그 장엄함 속에 부자연스러운 경직성이 있다는 것을 보았다. 모든 질서, 모든 것이 수학적 규칙의 조직적 질서에 강제적으로 편입되고 있다. 우리가 무슨 경험을 하고 어떤 실재와 조우하든 그것은 진리와 삼단 논법 그리고 존재를 상징하는 논리적 명제의 놀라운 일치 속에 제자리를 잡아야만 한다. 보다 전통적인 사상가들은 이러한 체계를 포용한 반면 실증주의자들은 이에 의문을 제기한다. 이것이 정녕 안락한 집인가, 아니면 억압하는 괴물인가? 이것은 실재인가, 아니면 그랬으면 하고 바라는 생각과 나이브한 설명으로 이루어진 것인가? 개개인의 삶이 이러한 질서 속에서 가능하긴 한가? 이러한 맥락 속에서 자유로이 사유할 수 있는 방법이 있는가?

이러한 의문 가운데 실증주의자는 질서는 사실 실재가 아니라고 말하기 시작했다. 그들은 "보세요, 엄마. 황제는 아무것도 입고 있지 않아요!"라고 외치는 안데르센 동화 속 아이와 비교될 수 있다. 존재 그 자체는 있지 않다. 실증주의자는 어깨를 으쓱하고 자기 볼 일을 보는 사람이 아니다. 그들은 많은 이들이 자신이 가식으로 살아왔음을 알 수 있도록 소리쳐 울부짖었다. 안데르센의 동화에서는 모두가 아이와 함께 웃으며 왕이 아무것도 걸치지 않았다는 데 동의하였다. 하지만 서구 문명에서는 그 누구도 실증주의자들과 함께 웃지 않았다. 도리어 실증주의자들은 침묵을 강요받거나 반역죄로 고소당했다. 그러자 그들은 격렬하게 울부짖었다. "독재자를 죽이시오. 당신 자신과 타인을 해방시키시오. 다만 악에서 구하소서libera nos a malo!"[44]

이러한 Notschrei의 맞은편에서 실증주의자는 무엇을 포고하는가? 가장 먼저 기쁨의 외침이 있다. "인상적으로 보이지만 우리를 억압하는 이 질서는 더 이상 존재하지 않는다. 누군가는 이 질서를 당연히 여기고 누군가는 이를 옹호하고 또 찬양했지만 그럼에도 그것은 존재하지 않는다. 가장 학식이 뛰어난 이들이 그것의 존재를 증명하고자 하고 가장 심오한 영적 존재들이 그것을 찬양한다 하더라도 우리는 그들 앞에 굴복할 이유가 없다.

---

[44] 실증주의자의 울부짖음은 과거의 울부짖음에 대항하여 터져 나온다. 겉보기에 실증주의자의 울부짖음은 마치 다른 종류의 울부짖음인 것처럼 과거의 울부짖음과 자신을 구분하는 듯하다. 과거의 울부짖음은 이미 일상화된 삶이 되어 있었고 실증주의자는 새로운 삶을 마주하고 있게 된 것이다.

그 유명한 질서는 실제로 존재하지 않는다."

존재 자체의 특권적 세계도 참된 실재도 없기에 우리를 그 세계로 이끌어가는 철학이라 불리는 특권적 길도 없다는 주장은 위의 외침과 긴밀히 연관돼 있다. 만일 더 높은 세계가 없다면 과학보다, 단순한 감정적 종교보다, 예술적이고 창의적인 정신 활동보다 차원이 높은 특별한 사유의 방법이란 없다. 철학은 인간 사유의 한 방식이다. 철학자는 철학의 한계를 알아야 하고 조심스럽게 그 한계 내에 머물며 자기 비판적 태도를 취해야 한다. 철학자는 더 이상 특별한 권위와 영광의 자리를 차지할 수 없다. 철학자는 더 이상 실재의 참된 구조를 보여줄 수 없다. 또한 철학자는 더 이상 자신의 신의 면전에서 신중하게 그 베일을 벗겨내는 공손한 신의 종이 아니다. 이제 철학자는 그저 종 중의 하나일 뿐이다.

만일 철학이 더 높은 세계로 나아가는 가장 확실한 길이 아니라면, 그것은 구원자도, 생명으로의 참된 인도자도, 영원한 진리도, 최고의 선Summum Bonum도 아니다. 이 세계 너머 더 나은 세계의 평온함이 우리를 기다리고 있지 않다면, 철학의 모든 기능은 순식간에 불필요해질 것이다. 만일 영혼이 육체에 사로잡힌 채 구조를 기다리는 희생자가 아니라면, 철학은 지금 이 세계에 살고 있는 이들에게 구원자를 자청할 필요가 없게 된다.

철학이 그 특권적 지위를 상실했다는 주장에는 철학은 더 이상 어떠한 믿음도 변증할 수 없다는 생각이 깔려 있다. 에이어 Alfred J. Ayer는 저서 《언어 논리 진리》에서 자신의 철학은 과학적 방법, 귀납적 추론, 혹은 상식적 믿음을 변증하지 않는다고 말한다.[45] 우리는 그 평범해 보이는 인식론적 명제들의 격렬함을 쉽사리 간과한다. 그 명제들 아래에는 옛 독재자가 마침내 살해당했다는 생각이 깔려 있다. 과학도, 담론의 영역에서 행해지는 귀납적 추론도, 심지어 우리의 상식적 믿음도 안전하거나 믿을 만하거나 존중할 만한 활동들이 아니며, 그 안에서 그것들이 작동하는 우주적 질서에 의해 확증된 사고방식도 아니다. 이러한 질서가 존재하지 않으므로 그러한 질서의 차원을 보여줄 철학도 필요치 않기에, 철학은 변증하지 않는다는 에이어의 명제는 사실 승리의 함성이다. 철학에 대한 에이어의 생각을 철학은 지혜에 대한 사랑이라고 본 플라톤의 숭고한 생각뿐 아니라 원시 종교에서 사제의 역할과 비교해보자. 사제의 행위, 의식, 신화 그리고 희생 제의는 우리 삶에서 일어나는 사건들과 신들이 모든 선과 가치를 창조하던 원시 시대 사이의 연결 고리를 재확인해주고 재건해준다. 사냥, 식사, 전쟁, 곡괭이, 카누, 오두막은 모

---

45   A. J. Ayer, *Language Truth and Logic* (London : Victor Gollancz, 1946), pp. 40, 42, 55.

두 사제의 행위에 의해 그 존재가 변증된다. 원시인에게 생명의 의미가 이러한 존재들의 반복되는 실현과 변증 속에 놓여 있다는 것은 더 말할 필요가 없다. 이와 유사하게, 중세인들은 천사나 보편성 논쟁 그리고 삼단 논법 논쟁에 빠져 있었을지라도 온갖 철학과 논리학을 동원하여 보이는 것과 보이지 않는 모든 것을 포괄하는 이성의 질서를 변증하고 그것에 영광을 돌렸다. 이러한 변증은 철학자의 존재에 의미를 부여해주었다.[46] 하지만 이들 변증의 질서는 에이어의 몇 마디에 무너지고 만다.

도덕적 삶 역시 철학에 의해 변증되지 않는다는 실증주의자들의 주장은 아마도 한층 불편할 것이다. 에이어는 윤리학을 다룬 장에서 "변증justification"이라는 단어를 사용하지는 않았지만 그가 의도한 바는 분명하다. 그는 윤리적 용어가 비윤리적 용어로 환원될 수 있다는 것, 즉 "윤리적 가치 명제는 경험적 사실 명제로 번역될 수 있다"[47]는 것을 부정한다. 이 맥락에서 에이어는 공리주의적 관점과 주관주의적 관점을 논의하는데, 이 둘은 행복, 쾌락, 만족, 혹은 개인이나 집단의 승인이라는 측면에서 도덕적 판단을 설명하려 하기 때문에 에이어는 이 두 관점을 거부

---

46 Mircea Eliade, *Cosmos and History*, *passim*. 또한 W. B. Kristensen, *The Meaning of Religion* (The Hague: Martinus Nijhoff, 1960) 참조.

47 *Language, Truth and Logic*, p. 104.

한다. 에이어는 도덕적 판단은 엄밀히 도덕적인 것이지 사회학적이거나 심리학적 판단이 아니라는 입장을 견지한다. 그는 윤리적 판단의 타당성은 '절대적'이거나 '고유한' 것으로 여겨져야만 하지 경험적으로 산정할 수 있는 것은 아니라고 결론 내린다.[48] 여기서 에이어가 제시하는 것은 윤리학 이론에 해당하는 문제를 한 페이지 반에 걸쳐 압축해놓은 논의보다 훨씬 더 커다란 것이다. 우리는 이 논의 뒤에서 윤리적 삶, 종교적 삶, 이성의 삶이 서로를 지지하고 있는 조화로운 우주의 폐허를 볼 수 있어야 한다. 이 신은 죽었고 인간 활동의 적법한 자리, 즉 인간 영혼과 모든 것을 포괄하는 질서 속에 적법한 자리를 부여하는 신의 종인 철학도 죽었다. 에이어는 도덕적 삶에는 경험적 사실, 수학, 논리로 환원될 수 없는 이질적인 것이 있다고 주장한다.

철학은 특권적 영역(사실은 존재하지 않는)에 접근할 수 있는 특권적 방법이 아니라는 주장의 또 다른 함의는 변증론과 어떠한 관련성도 없다는 것을 의미한다. 변증론은 신학이나 철학의 특정한 체계를 오직 유일하게 참된 것으로 변증해낸다. 질서라고 주장되는 것을 변증하는 것만큼이나 하나의 사상 체계를 변론하는 것은 생각할 수조차 없는 일이다. 나아가 철학은 절대적

48   *Ibid.*, p. 105.

인 것—절대적 존재라고 주장되는 영역이든 절대적 도덕 명령들의 집합이나 절대적 선, 절대적 진리이든—의 변호인이 아니다. "절대적"의 문자적 의미는 "어떠한 속박으로부터도 자유로운"이다. 이 용어는 의문을 넘어서는, 단순히 경험적인 것, 물리적이며 조건적인 것 밖에 있는 무언가를 함축해왔다. 실증주의자들은 철학이 이러한 절대적인 것을 변호할 수 있다는 점 또한 부인한다.

실증주의의 주장은 순전히 부정적일 뿐이라고 보는 것은 잘못이다. 실증주의자들은 자신들의 울부짖음이 참된 자유를 위한 길을 열어준다고 기쁨에 차 주장한다.[49]

또 다른 실증주의자는 "갈증의 도야discipline of thirst"를 수행하도록 권유한다. 칼 마이켈슨Carl Michalson은 《역사의 경첩The Hinge of History》에서 이 용어를 소개한다.[50] 이 책에서 그는 자신의 존재를 진지하게 여기지만 "역설적으로 영적인 번뇌를 하게 되는" 인간에 대하여 말한다. 그 인간은 이유를 알지 못한 채 불안하지만 지금 느끼고 있는 갈증은 참되지 않은 방법으로는 채워

49 쥐르데이흐는 이 지점에서 그가 말하고자 했던 바를 아직 발견하지 못했다. 최소한 그는 여기서 자유를 사전에 형성된 체계로 모든 것을 강제로 편입하려는 필연성으로부터의 자유, 그리고 그가 '긴장의 성숙'이라 부른 것을 향한 자유로 이해하였다—편집자 (E. C. Swenson).

50 (New York: Charles Scribner's Sons, 1959).

지지 않는다는 것을 알게 될 것이다. 마이켈슨은 실존주의 철학자들에 대해 논의하며 그들이 타는 갈증을 고통스럽게 인식하고 있음을 보여준다. 그는 이 타는 갈증을 너무 쉽고 값싸게 채우지 않을 인내심과 정직함이 실존주의자들에게 있는지 묻는다. 그는 이렇게 말한다.

> 이러한 실존적 어두움의 "태반기fetal moment"에는 실존주의자들조차 갈증의 도야와 철학적으로 인증되지 않은 만족을 주는 약속으로의 도약을 절충하려 한다. 사르트르와 카뮈는 도약하였고, 그 물이 자신의 갈증을 해소하지 못한다는 것을 알아차렸으며, 동시에 자신을 붙들어 매고 있는 것들로 인해 몸부림치고 있음을 발견하였다. 부조리, 의미 없음, 즉 무nothingness가 최종 결정권을 갖는다. … 한편 야스퍼스Karl Jaspers는 도약하여 난파선의 선원이 구조선이라는 신기루를 기다리듯 아직 오지 않은 희망을 부여잡고 초월적인 형이상학적 실재에 대한 비전을 품는다. …
> "기독교 실존주의자"라 불리는 이들은 도약하고 몸부림치며 키르케고르가 1만 패덤[51]이라고 보았던 물의 깊이를 알게 되었

---

51 물의 깊이를 나타내는 단위로 1패덤은 6피트 또는 1.83미터에 해당한다—옮긴이.

지만 기적적으로 자신들 외부에 실재하는 대상을 향하여 손을 내밀었다.

모든 실존주의자 가운데 하이데거는 신을 고대하는 인내심으로 갈증의 도야인 궁극 직전 단계의 신비주의penultimate mysticism를 수행하였다.[52]

마이켈슨이 사르트르와 키르케고르를 정당하게 평가했는지에 대해서는 의문이 있을 수 있지만, 누구도 손쉬운 해답의 제물이 되어서는 안 된다는 실증주의자들의 주장을 그가 아름답게 표현했다는 것을 부정할 수는 없다. 이에 대한 가장 간결한 언명은 니체의《자라투스트라는 이렇게 말했다》에서 찾아볼 수 있는데, 거기서 니체는 실증주의와 실존주의 사이에서 중재자 역할을 했다. 그는 "세 가지 변화에 대하여"라는 장에서 이렇게 말한다.

외경한 마음이 깃든 강하고 억센 정신에는 여러 가지 고유한 중량이 있다. 그리하여 이 강인한 정신은 무거운 것, 가장 무거운 것을 요구한다.

무거운 것은 없는가? 억센 강한 정신은 이렇게 묻고, 그는

---

52   *Ibid.*, pp. 116-17.

낙타처럼 무릎을 꿇고 무거운 짐이 실려지기를 원한다. … 그 것은 자기의 교만을 억누르기 위하여 스스로를 낮추는 것이 아 닐까? 자기의 지혜를 조롱하기 위해 스스로의 어리석음에 빛 을 주려는 것이 아닐까? …

혹은 그것은 인식의 도토리와 풀로써 자기 몸을 기르고 진리 를 위해 영혼이 기갈에 허덕이는 것이 아닐까?[53]

여기서 우리는 쉬운 답은 충분치 않은 것으로 거부해야 한다 는 요구를 볼 수 있다. 진인authentic man은 진리를 지키기 위하여 고통을 견딜 수 있다. 이에 대한 니체의 중재자적 입장은 그를 폭넓게 인용하고 있는 실증주의자 리처드 폰 미제스Richard von Mises의 글에 나타나 있다. 사실 미제스는 니체가 진인의 보호자 로서의 입장이라고 보고 있다. 그는 이렇게 말한다. "우리는 최 고의 철학이 '미완의 세계관Weltanschauung을 견뎌내는 것, 그리 고 완성된 것으로 보이지만 실제로는 만족스럽지 않은 세계관보 다 미완의 세계관을 선호하는 것'으로 구성된다고 본다."[54]

---

53   Friedrich Nietzsche, "Also sprach Zarathustra," as translated by Walter Kaufmann in *The Portable Nietzsche* (New York: The Viking Press, 1954), pp. 137, 138.

54   Richard von Mises, *Kleines Lehrbuch des Positivismus* (The Hague: W. P. van Stockum and Zoon, 1939), p. 224, trans. by W. F. Zuurdeeg.

실증주의자들은 세속적인 것을 굉장히 존중한다. 그들은 전혀 뻗어나가지 않은 것이 아니라 다만 수직이 아닌 수평적 방향으로 나아간 것이다. 그들은 인간이 스스로를 우둔하게 만드는 영속적 방법 중 하나는 더 높은 세계에 대한 꿈에 굴복하는 것이라고 주장한다. 이러한 자기기만은 우리의 일상적 삶을 평가 절하할 수 있고 삶을 개선해나갈 기회를 거부하게 만들 수도 있다. 수평적 방향으로 나아가는 것이란 콩트August Comte의 역사 신학에 명확히 드러나 있다. 그는 인간 정신의 발달 단계를 종교, 형이상학, 과학의 세 단계로 설명한다. 여기에 세속적인 것을 향한 뻗어나감이 있으며, 그것이 말하고자 하는 바는 이 세계의 선함이다.

실증주의자들은 매우 놀랄 만한 방법으로 자신의 울부짖음에 재갈을 물렸다. 오늘날의 실증주의자들은 신에 대해 그리고 선험적 실재라고 주장되는 다른 어떤 것들에 대해 어떠한 형이상학적 명제도 말하지 않는다는 것을 매우 자랑스럽게 여긴다. 그들은 순진하게도 신은 없다고 울부짖은 19세기의 "구식" 실증주의자, 유물론자, 회의론자 그리고 무신론자들을 비웃었다. 이 "새로운" 실증주의자들은 더 이상 그러한 우매한 일을 저지르지 않는다. 사람들은 형이상학이 신의 존재를 거부하는 것만큼 신의 존재를 단언함으로써 그러한 실수를 저지르지만, 제대로 된

실증주의자는 그러한 우매한 일을 저지르길 거부한다. 좀 더 자세히 살펴보면, 실증주의자들에게는 신에 대한 개념에 의탁하는 것이 하고 싶어 하고 말고의 문제가 아님을 알 수 있다. 그보다는 언어 구조의 문제이다. "신"이라는 용어는 순수 철학이나 순수 과학의 용어에 어울리지 않는다. 따라서 신을 이야기하는 용어는 실증주의자의 언어에서는 무의미한 것이고, 그렇기 때문에 실증주의자들은 신의 개념에 대한 질문들에 대해 이렇다 할 입장을 취하기 어렵다. 실제로 실증주의에서 가장 중요한 주제 중 하나는 가치중립적 언어와 가치 판단 언어 사이의 구분이며, 감정적인 가치 판단 언어를 배제하는 것이다. 그들은 신과 영혼 그리고 죄에 대하여 긍정적이건 부정적이건 말하는 것 자체를 배격하고자 이러한 구분을 한다. 이런 식으로 현대의 실증주의자들에게는 더 이상 울부짖음의 여지가 없다.

실증주의자들이 울부짖음에 재갈을 물리는 또 다른 방법은 그들 철학의 "정신적mental" 본질을 통한 것이다. 콩트의 세 가지 단계는 인간의 정신을 이야기한다. 20세기 실증주의는 스스로를 "논리실증주의"라는 이름으로 부르며 이 점을 강조한다. 이 철학은 도덕, 종교, 시적 언어가 아닌 논리 명제, 대수학 논리, 언어, 특히 합리적 언어에 관심을 둔다. 감정적 언어는 실증주의의 주된 적이다. 비엔나 학파는 가치 판단을 배제한 과학wertfreie

Wissenchaft 개념을 공식화하지만 그것이 충분히 정확하게 그들 자신을 나타낼 수 있는 개념은 아니다. '가치 판단을 배제한 wertfreie'이란 말은 판단 행위로부터 자유롭다는 것을 의미한다. 감정처럼 가치를 부여하는 요소는 배제되어야 하는데 그 이유는 합리적 정신의 명석한 활동에 방해가 되기 때문이다! 실증주의자들이 가장 자랑스러워하는 성취는 흄의 심리학적 고찰을 논리적 고찰로 대체해낸 것이다. 그들은 개념의 명석, 판명이라는 측면에서 데카르트의 진리 조건과의 유사성을 실감했다. 왜 그들의 주장은 온통 논리와 정신에 대한 것이냐고 물을 수도 있을 것이다. 그들은 왜 감각적 존재에 대해서는 논의하지도 않고 언급조차 안 하는가? 혹시 이것이 그들을 다시금 울부짖게 만드는 불안하고 복잡한 문제를 일으키기 때문은 아닌가?

실증주의자들이 경험론자들과는 상당히 다르다는 점을 명심해야 한다. 우리는 너무 쉽사리 무어G. E. Moore, 러셀Bertrand Russell, 비트겐슈타인Ludwig Wittgenstein, 비엔나 학파, 논리실증주의를 하나의 그룹으로 묶곤 한다. 예를 들어, 러셀 같은 이는 많은 면에서 실증주의자들에게 영향을 미쳤으나 실증주의자들의 울부짖음은 공유하지 않는다. 러셀은 철학을 더 나은 세계로 인도하는 길잡이로 여기는 것에 반대하지 않는다. 그는 자신을 더 합리적인 삶의 방식을 위해 싸우는 투사로 여겼으며, 자신의 철학, 특히 그의 논리학을 거대한 철학자-신비주의자들의 아둔하고 악의적인 사상을 정복하는 데 사용하고자 했다. 그는 이렇게 말한다.

모든 명제들은 주어-술어 형태를 띤다는 믿음 혹은 무의식적 확신은 철학자들로 하여금 과학의 세계와 일상의 세계에 대하여 어떠한 설명도 하지 못하게 하였다. 대부분의 철학자들은 과학과 일상 세계를 이해하는 것보다 정신적인 "참된" 세계에 대한 관심의 비실재성을 확신시키는 데 더 열정적이었다. 감각의 세계의 비실재성에 대한 믿음은 순전히 몇 가지 생리학적 기반을 가진 특정한 분위기 속에서 저항할 수 없는 힘을 통하여 나타났다.[55]

위 구절은 잘못 쓴 게 아니다. 여기서 우리는 러셀의 울부짖음을 들을 수 있다. 그는 수학 및 논리학과 일치하는, 나아가 수학 및 논리학을 자양분으로 삼는, 동시에 참된 세계를 알고자 하는 오래된 열망을 충족시키는 진정으로 정교한 철학을 갈구하고

---

[55] Bertland Russell, "Logic as the Essence of Philosophy," in Houston Peterson, ed., *Essays in Philosophy, from David Hume to Bertrand Russell* (New York : Pocket Books, 1959), p. 299.

있다. 러셀은 플라톤, 스피노자, 라이프니츠, 헤겔의 형이상학적 비전과 전투를 벌이는데, 이는 (실증주의처럼) 철학이 실재의 거대한 그림을 그리는 것이 불가능하다는 것을 분명히 하기 위해서가 아니라 그들의 비전을 더욱 현대적인 것, 감각의 세계의 퇴행에도 손상되지 않는 것으로 대체하기 위해서다. 러셀은 논리적 원자론Logical Atomism에 관한 글에서 다음과 같이 말한다.

이상적인 논리 언어에 관한 앞선 논의의 목적은 두 가지다. 첫째는 언어의 본질로부터 세계의 본질을 추론하는 것을 막는 것인데, 그 이유는 이 추론이 언어의 논리적 결점에 근거하고 있기 때문이다. 둘째는 이 세계가 가져야 하는 합리적 구조를 제안하는 것이다.[56]

내가 생각하기에 철학의 임무는 본질적으로 논리적 종합이 뒤따르는 논리적 분석이다. 철학은 논리적이어야 하고 우주에 대한 가설을 제시하는 데 주저함이 없어야만 한다.[57]

---

56 "Logical Atomism," in *Contemporary British Philosophy*, ed. J. H. Muirhead, First Series (London: George Allen & Unwin, 1924), pp. 376, 377.
57 *Ibid.*, p. 379.

러셀이 "나는 세계의 구조의 윤곽을 다음과 같이 제시한다"[58] 라며 자신의 글을 세 페이지에 걸친 가설로 결론지을 때 우리는 그가 울부짖음을 넘어섰다는 것을 알 수 있다.

내가 내린 결론은 러셀은 대중을 대상으로 한 작업이나 정치적인 입장을 나타낼 때뿐 아니라 본격적인 철학서에서도 예언자였다는 것이다. 러셀은 논리적·수학적 세상의 가장 높은 곳에서 고고히 살고 있는 매우 박식하고 추상적인 철학자도 아니고, 그렇다고 이 세계의 시민도, 평화주의에 열정적인 관심을 쏟으며 편견에 대항하여 싸우는 십자군도 아니다. 러셀은 성직자이다. 이성과 평화와 상호 이해의 세상, 신비주의와 형이상학과 교조주의와 편견으로부터 자유로운 세상을 향한 그의 울부짖음은 그의 대중적 작업과 정치학에서 쉽게 직접적으로 들을 수 있지만, 그것은 또한 "논리적 구성", "원자 명제", "구성 대 추론"과 같은 그의 고도로 전문적인 사유의 기저에 있는 동인이기도 하다. 그의 울부짖음에서 실증주의자들의 울부짖음에서는 거부당한 갈망을 들을 수 있다.

유사하게 논리실증주의를 받아들이고 논리실증주의에 빚지고 있는 대부분의 1940~1950년대 영국 철학은 실증주의의 울

58   *Ibid.*, p. 380.

부짖음의 깊이와 힘을 결여하고 있다. 앤터니 플류Antony Flew와 앨러스데어 맥킨타이어Alasdair MacIntyre가 편집한 《철학적 신학의 새로운 논문들New Essays in Philosophical Theology》[59]은 "최신 철학 기법과 사유를 신학적 주제에 적용"[60]하는 데 관심 있는 철학자들의 글을 모은 책이다. 이 책은 "그 자체로 철학적인, 경험으로부터 제기된"[61] 질문들을 다루고 있다. 편저자들은 "철학적 서설을 유신론 신학에 투영하려는" 전통적 관념론자들과 "무의미한 형이상학만큼이나 모든 신학을 단숨에 거부하려 하는"[62] 논리실증주의자들로부터 자신들을 구분한다. 그러나 논리실증주의자들과의 관계는 중요한데, 새로운 철학적 도구들을 형성한 최신의 기술과 통찰력은 논리실증주의자들이 중요한 역할을 한 "철학의 새로운 혁명"과 연관되어 있기 때문이다. 이 책에 실린 논문들은 새로운 언어 분석 철학에 힘입어 특정 신학(성공회 신학이나 무신론 신학)을 변증하는 데 개입한 철학자들을 보여준다. 이것은 그들이 완전히 새로운 것을 제시하는 것이 아니라 특정 신학에 대해 철학적 변증을 하고 있음을 드러낸다. 예를 들어 플류는 신

---

59 (New York : The Macmillan Company, 1955.)

60 *Ibid.*

61 *Ibid.*

62 *Ibid.*, p. ix.

학자들이 "신의 사랑에 반하는 증거와 같은 것들"을 다루는 방식을 비난한다. 그의 주장 중 하나는 다음과 같다.

사실 전능하고 전지한 신은 인간의 악행의 방조자임이 분명하다. 이뿐만 아니라 우주에서 발생하는 온갖 비도덕적 결함에 책임이 있다.[63]

크롬비I. M. Crombie는 종교적 믿음을 확신을 가지고 변증한다.

논리적 구조로 볼 때 종교적 믿음에는 두 부모와 하나의 유모가 있다. 논리적 어머니는 획일적 신론undifferentiated theism이고, 논리적 아버지는 신의 현현으로 해석되는 특정한 사건들이다.[64]

어머니 요소인 신론은 "우연성" 혹은 "도덕적 경험과 자연의 질서와 아름다움"과 같은 경험에 의해 촉발되는 믿음이다. 여기에는 실증주의자들의 울부짖음이 완전히 빠져 있다. 경험을 변

---

63   *Ibid.*, "Theology and Falsification" (1). From the University Discussion, p. 107.

64   *Ibid.*, "Theology and Falsification" (2). From the University Discussion, p. 111.

증하거나 어떠한 형태의 믿음을 변증하는 것은 철학의 소관이 아니라는 인식은 철학의 전통적 개념으로 교체되었다. 또한 범위가 한정되고 공격받는 신학에는 더 이상 새로울 것이 없다.

이 책의 거의 모든 저자들이 직간접적으로 논리실증주의의 주제들과 기술적 문제들을 언급하고 있다는 분명한 사실에도 불구하고 이들 철학의 비실증주의적 특징은 분명하다. 플류는 "반증"이라는 개념 아래에서 자신의 모든 논의를 다룬다. 그는 자신의 반대자들에게 이렇게 묻는다. "신의 존재나 신의 사랑에 대한 반대 증거를 구성하기 위해서는 어떠한 것이 당신에게 발생해야 하고 발생해왔어야 하는가?" 또한 크롬비는 "우리는 증명과 반증에 대하여 어떠한 태도를 취하는가? 우리의 주장을 확증하기 위해 우리는 그것들에 불리한 것으로 여겨질 수 있는 것들을 말할 준비가 되어 있어야 하는가?"라고 물으면서 그 자신의 주요한 주제에 다가선다. 그의 대답은, 신은 자애롭다는 명제는 질문의 대상이 아니라는 것이다. 이것은 증명될 수 없다. 그는 그 명제의 검증 가능성이 문제가 되는지를 묻는 것이다. 그의 대답은 그것이 문제가 된다는 것인데, 그는 증명 개념을 면밀히 검토하여 증명은 그 조건이 충족되어야만 함을 발견했다. 그러한 조건이 있다는 것에 크롬비는 안도했다. 신은 자애롭다는 사실이 이 생에서 증명되지는 않는 것일지라도, 조건을 충족한 증명 개념은 사후死後 증명을 허용한다. 이는 우리 생에서의 경험이 얼마나 제한적인지를 보여준다. 크롬비는 이렇게 말한다. "기독교인들은 [이 문제를] 결정하는 자리에 올라서는 활동을 죽는 것이라 부른다."[65] 우리는 갈증의 도야로부터 얼마나 멀리 떨어져 있는 것인가! 위의 철학적 대화에 참여한 사람들은 증명과 반증 같은 실증주의적 주제에 관심을 가졌지만 그에 수반된 실증주의자들의 울부짖음은 결코 듣지 못했다.

따라서 러셀과 영국의 경험론자들이 보았을 때 실증주의의 지지자가 될 수도 있었던 이들은 괴물과 같은 질서에 대항하는 실증주의의 울부짖음을 이해하지 못하였거나 그것을 부정해버렸다. 궁극적으로 그들은 존재의 질문에 대한 쉬운 답안을 거절할 수 없었다. 참된 실증주의자는 억압적인 질서로부터의 자유를 위하여 그리고 존재에 대해 질문하는 표현의 자유를 위하여 울부짖는다. 그러나 그들 역시 언어의 순수성에 대한 의견을 피력하며 특정한 질문을 던지기를 거절하고 순수하지 않은 언어를 말하기를 거부함으로써 자유를 향한 그들 자신의 울부짖음에 재갈을 물렸다. 명민하고 냉정하며 이성적이고 지적이고자 하는 욕망 속에서 실증주의자들은 스스로 진인이 되기를 거부한 것이

---

65 *Ibid.*, p. 126.

다. 그들은 울부짖음 속에 있던 실증주의의 소란스럽고 파괴적인 시작을 망각한 것이다.

B. 실존주의의 울부짖음

실존주의의 울부짖음에 대해서는 아주 개략적으로만 이야기할 것이다. 실존주의의 울부짖음이 전통적 철학이나 실증주의의 울부짖음보다 덜 중요해서가 아니다. 실존주의 철학의 울부짖음은 훨씬 인식하기 쉽기 때문이다. 전통적 철학이나 실증주의에서는 몇 세대에 걸쳐 철학 교수들이 학설을 정교하게 다듬으면서 울부짖음을 은폐해온 것에 비해 실존주의에서는 그러한 은폐가 덜 이루어졌다.

실존주의자들은 외친다. "신은 죽었다. 인간이 되라!" 물론 이 울부짖음은 실증주의와 전통적 철학의 울부짖음과 마찬가지로 너무 단순하게 다뤄서는 안 된다. 대개 "실존주의자"로 불리는 철학자들에게는 "신"이라는 말의 의미가 다르다. 그들은 다음의 두 명제에 동의한다고 볼 수 있다. (1) 죽은 신은 흄 이전 시대에 주장되던 신성한 도덕, 이성적 세계 질서다. (2) 죽은 신은 이 질서를 확증하고 지지하며 인가하는 신이며, 반대로 그 질서에 의해 변증되는 신이다. 만일 키르케고르와 같은 사상가가 성서의 하나님이 아직 살아 있다고 주장한다면, 그는 방금 언급한 보증인으로서의 신이 아니라 다른 신을 염두에 두고 있는 것이다.

실존주의자의 울부짖음은 거대한 해방의 울부짖음이다. 만일 저 옛 신이 살아 있다면, 그 누구도 숨조차 쉴 수 없을 것이고 인간으로서 품위 있고 정직한 삶을 살 수 없을 것이다. 신은 덩어리째 밀려오는 존재 자체의 힘으로 우리를 질식시킬 것이고, 억압적인 주장의 강철 끈으로 우리의 목을 조를 것이며, 영원한 도덕 법칙의 건조한 획일성으로 우리의 생명력을 잘라버릴 것이다. 그러한 신이 존재하도록 허락한 인간은 육체 없는 정신에다 위험할 것도 없는, 신의 조그마한 복제품일 따름이다. 즉, 그 같은 신은 창백하고 하찮은 수많은 작은 신들에게 둘러싸인 채 이 세계에 홀로 실재하게 될 것이다. 이 신은 자신에게 맞서 일어나 자신의 전능에 도전하는 실제 인간을 참아내지 못한다. 오직 이 신이 죽은 뒤에야, 신이 죽었음을 인간이 충분히 인식하게 된 뒤에야 인간은 진정으로 자유로워질 수 있다.

실존주의자의 울부짖음이 여러 시대에 걸쳐 울부짖음을 낳은 흄과 칸트(그들은 전혀 실존주의자가 아니었다) 없이는 불가능했다는 것은 놀라운 일이다. 흄과 칸트는 "인간이 되자"라고 울부짖지 않았지만 더 이상 존재 자체와 이성의 옛 질서를 수긍할 수 없음을 보여주었다. 이성은 더 이상 우주적 차원을 가지지 않는다. 이성은 더 이상 선과 조화로움을 명백하고 자연스럽게 창조하지 않는다. 그것은 분명 소중한 인간의 능력이지만, 그렇다고 아무런 의문도 없이 신뢰할 수는 있는 것은 아니다. 그러나 흄과 칸트는 아직 동요하지 않았다. 그들은 "이러한 세상에서 어떻게 인간이 되는 것이 가능한가?"라고 외치는 19, 20세기의 고통받는 인간들과 같지 않았다.

사르트르는 자신의 계몽적, 급진적 무신론 사상을 자랑스러워하는 교사들을 경멸한다. 그는 그들이 단순히 세계 질서의 보증자를 버렸을 뿐이라고 조롱한다. 질서와 그 질서의 감독관 모두 죽었다. 둘 중 하나를 구하려는 시도는 비겁하고 부정직하며 우둔한 일이다. 니체는 한층 더 솔직하게 울부짖는다. 그는 "도덕적 세계 질서"를 증오한다. 그는 도덕주의자, 사제 그리고 위선자를 자신의 손으로 처단하기 원한다. 그는 변증을 경멸하는데, 변증은 귀족적이지 못한 이들의 저속한 일이기 때문이다. 오직 평민들만이 이유를 묻는다. 이성적이고 도덕적인 세계 질서의 모든 것들을 연결 지으며 "선한" 것들을 변증하는 삶의 방식은 그 자신이 분열되어 자기 자신을 소중하게 받아들이지 못해 다른 이들이 자신을 소중히 여겨주길 바라는 광대의 삶이다. 니체는 우주적 질서와 그에 대한 인간의 믿음은 좌절한 인간의 비겁함과 교활함에 의해 유지되는 거대한 사기라고 울부짖는다.

육체를 경멸하는 이들, 모든 시대의 가장 지혜로운 현자들에 대한 니체의 격렬한 비난을 들어보라. 그들은 모두 삶은 선하지 않다고 판단한다. 그들은 모두 지혜라는 교묘한 우산을 씌우고서 삶을 증오하고 삶을 교살하며 삶에 저항한다. 이러한 평가는 질병의 증상이다. 이제 우리는 다시 건강해질 수 있다. 하지만 거기에는 고통스러운 과정이 뒤따른다. 니체는 이렇게 말한다.

일찍이 그대는 정열을 지니고 그것을 악이라 불렀다. 그러나 지금 그대는 오직 그대의 덕만을 가지고 있을 따름이다. 그러나 그것은 그대의 정열에서 자란 것이다.

설사 이전에는 그대가 비록 성질이 급하였거나 음탕하였거나 아니면 광신적이었거나 고집쟁이였다고 할지라도 종국에 그것은 그대의 덕이 되고 모든 악마는 천사가 되었다.[66]

니체의 "초인Übermensch"은 나치의 원형도 나이브한 허풍선이

---

66   "Also sprach Zarathustra," in *the Portable Nietzsche*, p. 148.

마초도 아니다. 니체는 이상적 인간의 분명한 상을 제시하는 것이 아니라 참된 인간이 되도록 우리를 초청하는 것이다. 평범한 인간, 실제 인간은 비겁함이라는 진흙 속에 갇혀 있다. 니체는 현대의 서구인들에게 이렇게 말한다. "초인이 되라. 줄타기 곡예사가 되라. 다른 세상에 대한 희망을 버리고, 또 다른 해안으로 날아가는 화살이 되어 그 땅에 충실하라." 우리는 니체가 철학적 인간학을 제시하는 것이 아니라 참된 인간이 되도록 우리를 초청하고 있으며, 인간의 교리가 아니라 울부짖음을 요청하고 있음을 기억해야만 한다. 사자가 식량을 갈구하듯 우리가 지식을 갈구하지 않는다면, 그는 우리를 경멸할 것이다. 갈구하지 않는다면 이성이란 무엇인가? 열정적이지 않다면 덕이란 무엇인가? 불타오르지 않는다면 정의란 무엇인가? 니체는 묻는다. "아직 말하지 않았는가? 아직 울부짖지 않았는가? 나는 네 울부짖음을 들었어야 했다!"

"신은 죽었다"라는 말에 대한 해석은 실존주의자들의 수만큼이나 많고, 실존주의자들은 인간이 된다는 것의 의미에 대해 제각기 다른 생각을 갖고 있다. 하이데거의 울부짖음은 번역 과정에서 사라지고 만다. 그의 말은 산문적이라기보다는 시적이다.

평균성은 … 밀치고 나오는 모든 예외를 감시한다.

모든 우위는 소리도 내지 못한 채 눌려버린다.

모든 근원적인 것은 하룻밤 사이에 평정되어 이미 숙지하는 것이 되고 만다.

모든 전리품은 편리한 것이 되고 만다.

온갖 비밀은 그 힘을 잃어버린다.[67]

이 앞에서 하이데거는 현존재Dasein에 대하여 "자체가 존재하고 있는 것이 아니라 타자가 현존재로부터 존재를 탈취해버리고 있는 것이다"[68]라고 말하며 신 없는 세상에서의 현존재의 존재를 묘사하였다. 이 세상에 비빌 언덕은 없다. 우리가 의지할 만한 완전한 진리도, 빈틈없이 완벽한 가치도, 쉽게 기댈 수 있는 실재도 없다. 사람들과 거리를 두고 자신보다 앞에 있는 이들을 앞지르는 데 관심이 있는 수다쟁이 현존재는 자신의 사상, 예술, 종교, 문화를 자랑한다. 그러나 현존재는 그것들이 세인das Man의 문화, 사상, 종교, 예술이라는 것을 인식하지 못한다. 하이데거는 우리가 굉장히 난처하게 "타인"에게 결박된 채 살아간다고

---

67 Martin Heidegger, *Sein und Zeit* (Tübingen : Neomarius Verlag, 1949), p. 127.

68 *Ibid.*, p. 126.

울부짖는다. 이러한 세계에서 어떻게 참된 삶을 사는 것이 가능한가? 방법은 있는가? 그 방법을 누가 우리에게 보여줄 것인가?

프로이트의 중요한 업적 중 하나는 인간의 자유에 대한 실질적인 인식과 우리가 우리 자신이 될 수 있는 용기를 갖도록 우리를 초청한 것이다. 프로이트의 이론이 얼마나 특별한지, 그의 이론이 인간, 역사 그리고 종교에 대한 합리적 이해에 얼마나 근거해 있는지와는 별개로 그의 치료는 개인적인 것이기도 하고 타자를 격려하는 것이기도 한 울부짖음에서 비롯되었다. 두려워하지 마라! 영원한 도덕 법칙이라 하는 것들의 족쇄를 벗어버려라. "타자들"이 당신을 홀렸다. 물론 이러한 법칙들이 질서 있는 사회에 필요하긴 하지만, 당신은 그 법칙들에 굴복하고 그것들을 지나치게 심각하게 받아들여 왔다. 이러한 법칙들은 단지 유용한 인간의 제도에 지나지 않을 뿐이지만 당신은 그 법칙들로부터 신들을 만들어왔다. 그것들이 신성한 것이 아님을 받아들일 용기를 가져라. 당신이 그것들을 신으로 믿는 한 그것들은 당신을 억압하는 신이 된다. 당신이 그것들이 죽기를 바라는 순간 그것들은 죽어버린다! 도덕 법칙이 그에 대해 뭐라 말하든 간에 당신의 숨겨진 소망을 드러낼 용기를 가져라. 일어나 당신이 가지고 싶고, 되고 싶은 것을 울부짖어라. 일어나 평범한 생활을 받아들여라. 그리고 때로는 자신을 죽이고 싶고, 때로는 스스로를 증오하고, 때로는 삶을 두려워하는 평범한 인간으로서의 자신을 받아들여라. 일어나 울부짖고 걸어라!

우리는 전통적 철학과 실증주의 철학에서와 마찬가지로 실존주의 철학에서도 울부짖음, 포고, 주요한 주제들, 그리고 기술적 문제들에 대해 동일한 특징을 발견할 수 있는가? 적당한 주제와 문제만 검토하자는 유혹에 니체만큼 저항해온 철학자는 없다. 니체는 자신의 울부짖음으로부터 결코 멀어지지 않았다. 이는 그의 격언체 스타일, 체계 없음, 소수의 니체주의 신조를 설명해 준다. 니체는 항상 다른 방식으로 현대인들을 울부짖음으로, 인간이도록, 인간이 되도록 초청한다. 니체는 철학적 논지들에 관해 논쟁하기를 원하지 않는다. 그 대신 그는 언어의 무희가 되도록 우리를 초대하는 무희를 그린다. 니체는 자신의 독자들이 고급 철학 시험을 준비하기를 원한 것이 아니라 그들을 괴롭히고 싶어 한다. 그는 우리와 우리의 생각을 모독하며, 우리와 우리의 도덕성, 우리의 신심, 목자와 안내자를 따르는 우리의 지독한 순종을 비웃는다. 그는 "인간이 되라"라는 말밖에는 하지 않는다.

니체는 철학 분과로서의 인식론, 윤리학, 존재론, 논리학에 관심이 없었던 반면, 하이데거는 존재론에 관심을 두었으며, 사르트르는 인식론에 관심을 가졌다고 할 수도 있다. 마르셀Gabriel

Marcel은 전통적 철학의 어떠한 특징도 가벼이 넘기지 않았지만, 그가 전통적 문제들을 다루는 방식은 실존주의 운동 전체를 조명할 수 있게끔 해준다. 우리가 지금 다루고 있는 주제와 전혀 무관한 것은 아니지만 여기서는 문제와 신비에 대한 그의 유명한 구분을 다루지는 않을 것이다. 그보다는 철학을 특정한 분야의 주요한 특징을 명료히 기술해내는 능력으로 보아서는 안 된다는 마르셀의 경고를 명심해야 한다. 우리는 철학자로서 우리가 걷고 있는 길에 대해 문제를 제기할 수 있다. 그리고 그 길에 이정표를 제시하는 것은 길이 멀리 보이는 특정한 장소에서만 가능할 것이다. 그러나 우리는 우리가 서 있는 "이쪽"과 "저쪽" 사이에 나 있는 길을 정확히 보여줄 수 없을 때에도 이정표를 제시한다. 마르셀과 니체 그리고 후기 하이데거의 글은 《존재와 시간Sein und Zeit》과 《존재와 무L'être et le néant》의 포괄적이고 체계적인 관점보다 이러한 접근에 잘 들어맞는다.

실존주의자는 "신은 죽었다. 인간이 되라"라고 울부짖는다. 존재론과 인식론에서 자신의 울부짖음에 재갈을 물리려는 유혹을 받을지라도 실존주의자는 철학이 존재의 특정 순간에 이정표를 제시할 수 있을 뿐임을 알고 있다.

3장   비철학적 언어 속에서의 울부짖음

A. 성서의 울부짖음

철학을 울부짖음에서 비롯하는 삶에의 접근으로 인식하는 우리의 철학에 대한 이해를 마무리 짓기 위해서는 인간됨의 또 다른 방식에서의 울부짖음을 고찰하는 것이 도움이 될 것이다. 왜냐하면 철학이 울부짖음에서 비롯한 유일한 언어는 아니기 때문이다.[69] 내가 인간 언어의 다른 형태들에 대해 정통한 것은 아니기에 상대적으로 이번 장은 지나치게 단순할 수도 있다. 그러므로

---

[69] 나는 미술, 음악, 시에 관해서는 문외한이기에 그러한 분야에서의 울부짖음을 포함시키지는 않았다. 하지만 이 장에서는 철학적 울부짖음과 시와 종교에서 들을 수 있는 울부짖음의 관계에 대해 난해하고도 대답하기 어려운 질문을 암암리에 던질 것이다.

아래의 내용은 단순한 의견 정도의 성격을 띤다.

　만일 창세기를 한 무리의 고대 히브리 부족이 품었던 하나님과 인간에 대한 사상을 담은 문서쯤으로 여긴다면 대단히 중요한 점을 간과하는 것이 될 것이다. 창세기는 기쁨의 고함을 지르고 있다. "이 세계는 만군의 주에 의해 존재하게 되었다!" 이 세계는 혼돈이나 다른 신의 작품이 아니라 아브라함, 이삭 그리고 야곱의 하나님이 세우신 것이다. 동일한 하나님이 인간을 창조하시고 야곱의 자손의 자손으로부터 그의 백성을 세우셨다. 그는 하나의 하나님이시고 이 세계와 인간 그리고 하나님의 백성의 창조자이시다.

　"주 예수여 오소서!"라고 신약 성서는 울부짖는다. 신약 성서의 가장 중요한 선포 중 하나는 하나님의 나라가 곧 임한다는 것이다. 초기 기독교인들에 따르면 이것은 우리가 불투명한 상태로 살아간다는 것을 보여준다. 이 세계, 우리 인간 존재, 그리고 살아 있는 모든 것이 창조주에 의해 선하게 창조되었고 그로 인해 유지된다. 한편 하나님의 왕권과 권위는 아직 완전히 실현되지 않았다. 사회, 우리들 각자의 삶 그리고 세계 역사는 하나님에 맞서 그의 계획을 훼방하는 사탄의 권세로 가득하다. 따라서 하나님의 나라는 아직 이곳에 임하지 않았다. 지금은 악에게 어느 정도 자유를 주는 것이 주님을 기쁘게 한다. 이것이 얼마나 오래 갈지, 어떠한 목적인지 그 누구도 정확히 알지 못한다. 반역의 권세는 너무나 커서 심지어 하나님의 아들도 십자가에 매달았다. 어둠은 빛을 받아들이려 하지 않는다. 그러나 우리가 사탄의 나라에 살고 있다고 말할 수는 없다. 하나님이 우리 안에 계시기 때문이다. 하나님의 왕권은 이미 실현되었다. 신약 성서는 "주 예수여 오소서!"라는 울부짖음이다.

따라서 신약 성서의 믿음은 고뇌하는 믿음이다. 무엇보다도 그 믿음은 하나님에 대한 신뢰이다. 하나님은 우리에게 구속을, 그의 나라의 도래를, 그리고 충만한 은혜를 약속하셨다. 하나님은 약속하셨고 그 약속을 어기지 않으실 것이다. 그러나 동시에 이 은혜와 궁극의 권위는 충분히 세워지지 않았다. 이 구주를 따르는 이들은 박해받는다. 그리스도는 죽임을 당했다. 로마 병정들의 천박한 웃음과 서기관의 독설이 하나님의 종들의 충성을 압도한다. 하나님의 약속은 거꾸러진 것인가? 그렇다, 그리고 그렇지 않다! 두 대답 모두 동시에 진실이다. 믿음은 신뢰다. 그런데 신뢰는 무엇보다도 희망이며 고뇌에 찬 기대이고 두려움과 떨림이다.

신약 성서의 기독교인들이 그리스도의 재림을 위해 울부짖어야만 했던 불투명한 상황 속에서 살았음은 쉽게 알 수 있다. 그들에게 율법의 우주적 질서는 무너졌다. 유대인들은 자신들만의 세계 속에 살았다. 그들의 세계는 예언자들의 격정의 세계가 아니라 율법에 기초하고 율법에 상응하여 세워진 세계, 아브라함의 자손임이 공동체의 일원으로 받아들여지는 데 가장 결정적이었던 세계였다. 세계의 질서, 그것의 타당성과 신성은 하나님 자신에 의해 보장받았다.

기독교인들에게 이 세계는 붕괴된 세계이다. 왜냐하면 이 세계와 이 세계의 지도자는 그리스도를 십자가에 못 박았기 때문이다. 집은 무너졌고 기독교인들은 갈 곳이 없다. 그들의 믿음은 그들에게 옛집을 대체할 수 있는 잘 지어진 또 다른 집을 제공해 주지 않는다. 믿음은 그와 같은 확실한 편안함 대신 완전히 악마의 영역도 아니고 그렇다고 완전히 하나님의 영역도 아니며 불순종을 순종으로 강요하는 세계도 아닌 불투명한 세계 속에서 자신의 믿음이 상처받지 않도록 지키는 어려운 과업을 선사한다. 위로 대신에 기독교인은 사탄의 권세에 대항하는 싸움에 동참하도록 초청받으며, "주 예수여 오소서!"라는 울부짖음과 더불어 환희의 소망 가운데 그 초청에 응한다.

역사적으로 기독교가 이 어려운 요구를 충실히 처리해오지 못했다는 것은 놀랄 만한 사실이 아니다. 교회는 때때로 구약 성서의 율법 세계를 대체하기에 충분한 많은 세계들 혹은 집들을 지어왔다. 교회 지도자들은 하나님의 권세의 완전한 도래가 미래의 일이라는 것을 받아들일 용기가 없곤 했다. 그들은 마치 하나님의 권세와 은혜 그리고 용서가 이미 지금 여기 우리 손에 모호하게 존재하는 것처럼 행동했다. 그들은 (때로는 돈을 받으며) 은혜를 나누어주었고 하나님의 소중한 선물 속에 자기 자신의 지혜를 선물로 보태기도 했다. 신약 성서의 기준에 따르면 이러한 교회, 곧 우리의 교회는 여전히 기독교 이전 세계에 살고 있다는 것이 명백해 보이는데, 그 세계는 곧 율법의 집과 같이 아직 편안하고 안전한 집이다.

현대인들이 도피하는 기독교 이전의 세계들은 기독교나 종교와는 다른 이름을 가지고 있다. 때로 우리의 세계는 율법이 아니라 민주주의나 국부들Founding Fathers에 의해 변증된다. 다른 한편, 우리는 성육신 신학이나 부활의 신학에 대하여 말하면서 그러한 신학이 확신이 없는 사람들에게 "우리 미국(혹은 유럽)은 그리 나쁘지 않은데, 왜냐하면 하나님이 자신의 독생자를 주실 만큼 우리 세계를 귀하게 여기시기 때문이다"라고 말해주길 바란다.

하지만 우리는 신학과 성직과는 별개로 신약 성서의 울부짖음이 여전히 살아 있음을 인정해야만 한다. 최후의 만찬을 기릴 때마다 그리스도의 제자들은 크게 울부짖고, 자신들의 부끄러움을 말하고, 용서를 빌고, 그리스도의 오심을 기원하도록 요청받는다. 부활절 때마다 기독교인들은 기쁨의 환호성을 지르며 "할렐루야, 구주가 다시 사셨네"라고 선포할 수 있다. 모든 교리, 몸짓, 기도는 울부짖음을 틀어막을 수도 살릴 수도 있다.

B. 원시 종교에서의 울부짖음

원시 종교만큼이나 울부짖음이 어떠한 거리낌도 수치심도 없이 퍼져나가는 곳도 없어 보인다. 의식과 축제는 울부짖음의 정형화된 방식이라고 볼 수 있다.[70] 엘리아데는 《우주와 역사Cosmos and History》에서 이 점을 매우 중요하게 기술한다.

> 외부 세계의 대상들이나 인간의 행위도 정확히 말하자면 자율적인 내적 가치를 지닐 수 없다. 대상이나 행위는 가치를 얻게 되고 그렇게 함으로써 그것들은 참되게 된다. 왜냐하면 대상이나 행위들은 이러저러한 방식으로 그것들을 초월하는 실재에 참여하기 때문이다.[71]

70   이 책 27~29쪽 참조.
71   *Cosmos and History*, p. 4.

여기서 엘리아데는 우리에게 원시인을 보여준다. 그 인간은 나이브한 원시적 과학자가 아니라 실재를 갈구하는 인간이다. 이러한 인간은 돌을 신성하게 여기는데 그가 미신적이어서가 아니라 돌의 존재 자체가 실재의 성체시현聖體示現이기 때문이다. 돌은 "불가해하고 접근할 수도 없다. 이것은 인간이 아닌 어떤 것이다. 이것은 시간을 거스르고 그것의 실재는 영원성과 연계되어 있다."[72] 이는 울부짖음에 대한 아름다운 묘사다. 인간은 "인간이 아닌 어떤 것"을 위하여 울부짖는다. 비존재와 혼돈 그리고 무의미의 위협을 받는 인간은 불멸하는 것 속에서 자신의 기저를 찾는다. 그러나 자신의 행위들이 자신을 참된 실재의 안전한 영역 밖으로 몰아내기 때문에 원형적 인간이 실재에 도달하는 유일한 방법은 '그때in illo tempore',[73] 즉 신들이 인간의 삶을 포함한 우주에 질서를 부여한 때인 '원시간Urzeit'에 신들이 확립해놓은 원초적 행위를 충실하게 반복하는 것이다. 엘리아데는 말한다. "의식적 행위의 세부 항목에서 원시인은 이전에 상정되지 않고, 다른 누군가, 인간이 아닌 어떤 다른 존재가 그것에 따

---

72 *Ibid.*
73 지정되지 않은 과거의 어느 순간을 가리키는 라틴어로 미사 때 주로 사용한다. 엘리아데는 이 단어를 "모든 것이 시작되던 성스러운 시간"이라는 의미로 사용한다—옮긴이.

라 살지 않은 어떤 것도 인정하지 않는다."[74] 이 원시인은 "어떤 사람", 거인, 토템 동물, 반신 혹은 이런저런 종류의 신적 존재가 이미 행했던 행위를 반복하기 원한다. 이러한 반복은 그가 힘, 실재 그리고 자신이 고통스럽게도 결여하고 있는 영광을 갈구함을 보여준다. 이것은 마치 엘리아데가 이 원시인은 자신의 모든 행위와 사고 속에서, 자신이 살아가는 방식 속에서 자신보다 더 실재적인 것을 향하여 울부짖는다고 말한 것과 같다. 엘리아데라면 아리스토텔레스의 《형이상학》의 첫 문장을 고쳐 '원시인은 존재 자체를, 신성한 실재를 향하여 뻗어나간다'고 말했을 것이다. 나는 수정된 이 말이 현대인뿐만 아니라 모든 시대의 모든 인간을 반영한다고 생각한다. 적어도 원형적 인간은 자신이 "시냇물을 찾아 헤매는 수사슴"[75]과 같다는 것을 알고 있다고 말할 수 있다. 시편의 저자가 하나님을 찾지 못하면 자신이 죽는다는 것을 알고 있듯 원시인은 신성한 존재의 영역 안에 머무르지 않고 영원한 생명으로부터 계속해서 양분을 공급받지 못한다면 죽는다는 것을 알고 있었다.

울부짖음의 '소리를 낼 수 있는' 유일한 언어는 원시 종교일

---

74   *Ibid.*, p. 5.
75   시편 42편—옮긴이.

것이다. 엘리아데는《엑스타시의 기술과 비밀 언어 *Techniques de l'Extase et Langages Secrets*》[76]에서 새와 같은 동물의 울음소리를 흉내 내는 샤먼들에 대해 이야기한다. 그가 기록하고 해석한 이러한 현상은 인간과 동물의 울부짖음 모두를 아우른다. 무엇보다 샤 먼은 황홀경이나 엑스터시를 준비할 때 동물의 울음소리를 흉 내 낸다. 이 울음은 샤먼의 비밀 언어를 구성하는 불가해한 언어 나 후렴구를 동반한다. 이 비밀 언어의 핵심은 이 언어가 인간의 언어라기보다는 영적 언어라는 것이다. 언어에 대한 이러한 믿 음은 동물의 언어에 대한 지식이 인간이 자연의 비밀을 이해하 고 예언을 할 수 있는 힘을 준다는 확신에 기초한다. 원시인들은 동물이 생물학적으로 열등한 상태라고 생각하지 않았다. 동물은 환생한 선조이거나 가면을 쓴 초자연적 존재일 수도 있다. 그렇 기에 동물의 언어를 습득하는 것은 유한한 생명이 아닌 보다 풍 성한 영적 생명을 얻는 것이다. 이러한 언어 습득의 전형은 종 교 체험의 높은 단계인 엑스터시 속에 있는 샤먼에게서 찾아볼 수 있다. 엑스터시는 유한성이라는 조건으로부터 해방되는 수단 이 된다. 우주와의 관계 속에서 엑스터시는 완벽한 리듬과 영속

---

[76] *Techniques de l'Extase et Langages Secrets* (Roma: Instituto Italiano per il medio ed estremo Oriente, 1953).

적인 재생이라는 "우주"의 의미를 담지한다. 이렇게 엑스터시를 통하여 샤먼은 우주와 합일한다. 그러므로 동물의 비밀 언어의 참된 의미는 인간이 본래의 낙원으로 돌아가는 것에 있다.

엘리아데의 해석에 따르면, 울부짖음을 흉내 내는 것은 원시인의 저능한 정신 상태를 보여주는 표식이 아니다. 오히려 그것은 인간의 인간됨을 보여준다. 그것은 인간의 상황을 넘어서려는, 존재 자체에 참여하려는 울부짖음을 표현한다. 원시인들은 자신과 공동체 그리고 우주 전체의 생명이 우주적 생명의 영속적인 재생에 의존하고 있다는 지식을 가지고 살아가기에, 엘리아데는 "공동체의 지속성을 보장하는 제의들은 단순히 경제적이고 사회적인 삶을 반영한 것일 따름이다"[77]라고 전제하는 것은 오류라고 주장한다. 제의는 "생명의 주기적 재생"을 향한 울부짖음을 고도로 공식화한 방식이다. 엘리아데는 이 생명의 재생 역시 시간의 주기적 재생을 의미하며, 이는 "우주 창조 행위의 반복인 새 창조"[78]를 전제한다고 주장한다. 여기서 엘리아데는 자신의 저서의 주요한 주제를 전달한다. 원시인이 가장 갈구하는 것은 바로 "역사의 종말"이다. 그의 주요 논제는 원시인이

---

[77] *Cosmos and History*, p. 51.
[78] *Ibid.*, p. 52.

낙원을 향한 동경의 힘에 사로잡혀 있다는 것이다. 현존하는 세계가 질서가 잘 잡혀 있고 신적인 힘 아래 놓여 있다 하더라도 자신의 생명의 불안정성은 원시인을 불안하게 만든다. 완벽하게 순수하고 만족스러운 상황도 매일매일 새롭고 또 예측할 수 없는 수많은 일들에 위협받는다. 원시인은 모든 위협이 완전히 사라진 상태, 말하자면 영원한 안식과 낙원의 평화를 갈구한다. 이것이 새해마다 "개인의 죄와 허물 그리고 공동체 전체의 죄와 허물"[79]이 사라져야만 하는 이유이다. 엘리아데는 이것이 단순히 정화의 문제가 아니라고 경고한다. 과거, 지나간 시간은 사라져야만 한다. "죄와 질병 그리고 악마를 내쫓는 것은 기본적으로 신화적이고 원형적인 시간, 순수한 시간, 창조의 순간을 (아주 짧은 순간이나마) 회복시키려는 시도"[80]이다. 이른바 원시인이라 불리는 이들, 그리고 울부짖으려는 그들의 의지와 능력에 대해 깊은 존경심을 느끼지 않고서는 엘리아데, 크리스텐센W. B. Kristensen, 방주네프의 글을 제대로 이해할 수 없다. 또한 그 울부짖음은 단순한 것들과는 거리가 있다. 엘리아데가 낙원으로의 동경을 강조한 것은 옳았다. 하지만 원시적 과거에 대한 이러한

<hr />

79   *Ibid.*, p. 54.
80   *Ibid.*

갈구 외에도 또 다른 무언가가 있어 보인다. 이 울부짖음은 탄생의 울부짖음이다. 인간은 다시 태어나고 인간의 공동체도 다시 태어난다. 두 탄생은 우주의 탄생(즉 재탄생)과 같은 우주 창조의 핵심 부분이다. 따라서 울부짖음은 환희이다. 새해를 맞이하는 의식은 탄생의 영광과 위험 모두에 참여한다. 바로 여기에서 "의식"을 정의해볼 수 있지 않을까? 그것은 생명의 영광과 위협에 대한 기쁘고 떨리는 인식이다.

크리스텐센 또한 근동의 고대 종교 신자들이 부르던 불멸의 생명을 향한 동일한 울부짖음을 반복해서 묘사한다. 원시인들은 죽음을 생명의 적으로 간주하기도 하지만 그보다는 죽음을 생명의 완성으로 보는 경우가 많았다. 특히 밀의 종교mystery religion들에서 그러한 특징을 찾아볼 수 있는데, 크리스텐센은 이렇게 이야기한다.

"신비"라는 용어가 의미하는 "죽음"과 "생명"은 사실상 동일하다. … 엘레우시스Eleusis[81]에서 신비는 죽음의 상태teleutan teleisthai이다. 문헌에는 다음과 같은 기록이 있다. "신들이 우리에게 주신 이러한 아름다운 신비 덕분에 죽음은 더 이상 인간

---

81 그리스 아테네 서북쪽에 위치한 도시로, 신비 의식의 장소로 유명하다—옮긴이.

에게 불운이 아니라 행운이다."[82]

다시 말해, 밀의 종교는 '죽음은 실제로는 죽음이 아니라 생명이다!'라는 울부짖음에 기인한다. 이러한 표현(죽음은 실제로는 죽음이 아니다)으로 원시인들은 울부짖음에서 포고로 나아간다.

크리스텐센은 "실재"와 "이론"을 대조하며 밀의 종교들에 대한 묘사를 이어나간다. 그에 따르면, 신비는 실재이지만 이론으로 설명될 수 있는 것은 아니다. 기본적으로 밀의 종교들에는 교리가 없고 대신 성스러운 행위만 있다.

신비는 말할 수 없는 생명의 절대적 본질이다. 말하자면 죽음의 본질이기도 하다.

유일한 참된 생명으로서의 죽음을 완전히 긍정할 때에도 죽음에 대한 경외는 사라지지 않는다는 것을 망각해서는 안 된다. "경외"를 분석하고 정의내리는 것은 어렵지만, 종교적 삶에서 경외는 항상 절대자, 성스러움과 조우할 때 현존하는 느낌이나 분위기를 지칭해왔다. 여기서 구분해야 할 요소가 두 가지 있다. 절대자와 대면할 때 인간은 그 자신, 그 자신의 통찰력

---

82   *The Meaning of Religion*, p. 336.

과 능력을 느낀다. 신과 만날 때마다 이는 두려움을 불러일으킨다. 신을 보는 것은 죽음을 의미한다. 그러나 동시에 인간은 바로 이 상황 속에서 유한자의 수동성으로부터 해방되고 자신의 구원을 찾고 발견하게 된다. 엘레우시스의 신비는 "인간이 알 수 있는 가장 떨리는 그러나 동시에 가장 기쁜 상태"로의 입회를 의미한다. 이것은 죽음의 영역에서 일어나는 공포이며 동시에 "입회자들이 아는 두려움과 소스라침뿐만 아니라 가장 영광스러운 소망과도 연계된 환희"이다. 그것은 생명의 완성이 나타나는 죽음의 공포이다.[83]

신비는 이론과 교리라기보다는 실재이며 가장 중요한 핵심은 생명 그 자체라는 크리스텐센의 주장은 다시 한 번 울부짖음이라는 행위가 얼마나 인간적인 것인지를 보여준다.

C. 카를 마르크스의 울부짖음

마르크스의 저작 속에서 울부짖음은 갖가지 경제학, 사회학, 정

---

83   *Ibid.*, p. 337.

치학 등의 다양한 이론들과 엄격한 철학적 교설들에 질식되어 있긴 하지만 여전히 그 울부짖음을 들을 수 있다. 이 울부짖음은 인간성을 말살하는 기계의 영향으로부터, 그리고 공장의 도래로 진전된 존재 방식으로부터 개인과 가정이 보호되는 참된 인간 세계를 향한 울부짖음이다.

마르크스가 공공연한 무신론자라는 사실에도 불구하고 초역사적 권위를 지녔다고 할 수 있는 인간성의 법정Court of Humanity 에 호소하는 그의 울부짖음은 분명한 목적을 가지고 있다. 마르크스는 "부르주아지"를 이 법정에 세운다. 마르크스 자신은 검사이자 또한 그것을 넘어서 있다. 마르크스는 분노와 수치 속에서 울부짖는다. 왜냐하면 유린된 법은 (검사와 같은) 관리들이 지켜낼 만한 권위를 가지지 못한 질서에 속해 있기 때문이다. 마르크스는 다음과 같이 말한다.

부르주아지는 사람을 "타고난 상전들"에게 얽매어놓던 온갖 봉건적 속박을 가차 없이 토막내버렸다. 그리고 사람들 사이에 노골적인 이해관계와 냉혹한 "계산" 외에는 아무런 관계도 남겨 놓지 않았다. 부르주아지는 종교적 열광, 기사적騎士的 열광 등의 성스러운 황홀경을 이기적인 계산이라는 차디찬 얼음물 속에 빠뜨려버렸다. 부르주아지는 사람의 인격적 가치를 교

환 가치로 해체했으며 … 한마디로 부르주아지는 종교·정치
적 환상에 의해 가려져 있던 착취를 공공연하고 파렴치하며 직
접적이고도 잔인한 착취로 바꾸어놓았다.

부르주아지는 지금까지 영예로운 것으로 생각되어 왔고 사
람들이 경건한 마음으로 보아오던 모든 직업에서 그것들이 갖
고 있던 후광을 빼앗았다. 그들은 의사, 법률가, 성직자, 시인,
학자 들을 자신이 고용하는 임금 노동자로 만들어버렸다.

부르주아지는 가족 관계에서 사람의 심금을 울리는 감상의
껍데기를 벗겨 순전히 금전 관계로 바꿔버렸다.[84]

역설적이게도 마르크스 자신은 그의 정치사상이 울부짖음에
기초해 있다는 주장을 전혀 받아들이지 않을 것이다. 그는 자신
의 글이 과학적 지위를 갖는다고 주장한다.

공산주의자의 이론적 명제들은 결코 이러저러한 자칭 보편
적 개혁가가 발명 또는 발견한 사상이나 준칙들에 기초하지 않
는다. 그 명제들은 단지 일반적인 견지에서 현존하는 계급투쟁
으로부터, 바로 우리 눈앞에서 벌어지는 역사적 운동으로부터

---

84   Karl Marx, *The Communist Manifesto* (New York: International Publishers, 1948), p. 11.

솟아나오는 실제적 관계들을 표현할 뿐이다.[85]

　우리의 기준으로 보자면, 마르크스는 자신의 통찰의 고유한 가치를 과대평가하였고 그 통찰이 자신의 울부짖음에 근거해 있다는 사실을 완전히 망각하였다. 그의 울부짖음은 그가 경멸하는 이러저러한 개혁가와 공유하고 있는 것이다. 다른 모든 울부짖음과 마찬가지로 이 울부짖음 역시 재갈이 물리곤 했다. 왜냐하면 모든 종류의 교리적 질문들에 대항하는 정치적 투쟁은 철학적, 기술적인 주제와 유사해져 버리기 때문이다. 그렇게 되는 곳에서 울부짖음의 힘은 더 이상 소용없게 된다.

　지금까지 우리는 인간화를 가능케 하는 울부짖음의 행위가 철학과 철학자에게만 한정되는 것이 아님을 개략적으로 살펴보았다. 그것은 인간의 여러 가지 노력들, 종교적 삶, 정치적 삶, 예술적 삶 속에서 가능한 것이다.

85　*Ibid.*, p. 23.

II부

현대인과
울부짖음

MAN
BEFORE
CHAOS
PHILOSOPHY IS
BORN IN A CRY

4장

불편한
침묵

A. 현대인과 언어

울부짖음에 대한 반응 중 하나가 울부짖음에 재갈을 물리는 것
임을 살펴봤다. 현대인들이 얼마나 그리고 어느 정도까지 울부
짖음을 무시하고 그것에 등을 돌려왔는지는 심리학을 통해 알아
볼 수 있다. 여기서는 두 가지 연구만 살펴볼 것인데, 하나는 롤
로 메이Rollo May의 〈심리학에서 실존주의 운동의 기원과 의미*The
Origin and Significance of the Existential Movement in Psychology*〉[86]란 논문이고, 다

---

[86] In Rollo May, Earnest Nagel, Henri F. Ellenberger, eds., *Existence, a new Dimension in
Psychiatry and Psychology* (New York: Basic Books, 1958).

른 하나는 조지 맨들러George Mandler[87]의 저서《심리학의 언어*The Language of Psychology*》[88]이다. 이 연구들을 선택한 것은 각 연구의 고유한 가치 때문이라기보다는 이 연구들이 우리가 스스로를 발견할 수 있는 현재 상황을 매우 분명하게 그려주고 있기 때문이다. 이 글들은 20세기 중반 서구의 전형이라 할 수 있는 사유와 관심사의 좋은 예다. 이 글들이 직접적으로 철학적 문제를 다루고 있지는 않지만 오늘날의 철학적 주제들은 사실상 철학적 연구에 국한되지 않기 때문에 심리학 분야의 연구를 선택했다. 오늘날에는 철학적 주제들이 심리학, 신학 혹은 사회학에서 직간접적으로 다뤄지기도 하는데, 이러한 연구들은 어느 정도 대중적이기도 하다. 내가 이러한 연구들을 참조하는 이유는 한 시대를 지배하는 사상은 대개 이론의 여지가 없고 자명한 방식으로 그 지배적 위치를 점유하기 때문이다. 만약 특정 시대, 특정 문명에서 무슨 사상이 지배적이었는지 알고 싶다면, 어떤 사상이 당연하게 받아들여졌는지, 자명하고 논란의 여지가 없는 것으로 여겨졌는지 알아보면 된다. 그러한 사상들이 사유의 대중적 형식을 좌우하는 법이다.

---

[87] 조지 맨들러(1924~)는 미국의 심리학자로 20세기 중반 심리학의 인지혁명cognitive revolution을 주도하였다―옮긴이.

[88] (New York: John Wiley and Sons, 1959).

메이의 논문의 특징은 무엇보다 인간 사유의 다양한 영역에 대한 관심에 있다. 논문 제목은 심리학을 가리키면서도 또한 철학을 암시한다. 실제로 이 논문은 최소 네 분야를 다루고 있다. 첫 번째 분야는 심리학, 정신병리학, 심리 치료다. 두 번째 분야는 과학 이론이다. 논문은 과학의 본질, 과학 기술의 중요성 그리고 인간성을 파괴할 수 있는 과학의 위험성 등에 대한 질문을 제기한다. 세 번째 분야는 철학이다. 논문은 실존주의의 본질을 언급하고 존재론의 중요성을 옹호한다. 네 번째 분야는 현대 문화의 연구다. 논문은 개인적 울부짖음과 현대 문화의 울부짖음 사이의 관계에 의문을 제시한다. 메이는 이러한 네 분야에서 몇 가지 이론에 대해 논의할 뿐만 아니라 그것들 간의 상호 관계에 대해서도 매우 흥미로운 제안을 한다. 이렇게 함으로써 메이는 다른 분야에서 문제를 다루지 않고서 하나의 분야에서만 문제의 해답을 찾는 것은 불가능하다고 간접적으로 주장한다. 따라서 이 논문의 특징은 통섭을 향한 움직임과 요구라고 할 수 있다.

이 논문의 두 번째 특징은 질문을 제시하는 메이의 절박함이다. 이 논문은 현대인에 대한 깊은 관심, 그리고 자신이 살고 있는 서구 세계와 그 자신을 받아들이는 법을 배우려는 심리학적 기술들에 대한 깊은 관심에서 비롯되었다. 그 관심은 절박한 것이다. 왜냐하면 메이는 현대인, 심리 치료 그리고 서구 문화 이 세 가지에 무언가 근본적인 문제가 있다고 믿기 때문이다. "근본적인 문제가 있다"는 것은 절제된 표현이고 "병들었다"는 말이 더 정확할 것이다. 메이는 현대인, 심리 치료 그리고 현대 서구 세계의 기본 조건이 주체와 객체 사이의 분열, 인간과 그의 세계 사이의 분열뿐만이 아니라 자기 자신과의 분열이라고 보기 때문이다. 그는 이것을 분열된 인간의 질병인 "암"이라고 부른다.[89]

이 논문의 세 번째 특징은 해결책을 제시하는 열정이다. 인간을 위한 치료법을 찾으면서 메이는 자신의 다양한 사유의 영역을 하나의 공통된 시도로 통합하는 것이 필요하다는 것을 알게 되었다. 그 통합의 시도를 그는 "실존적 심리 치료", "과학과 존재론을 통합하는 운동"이라고 부른다. 여기서 "과학"은 프로이트의 과학적 분석으로 이해된다. 그러나 메이는 존재론이 그가 바라는 통합의 자리에서 우뚝 솟아 있어야 한다고 생각한다. 그는 인간은 존재론적 사유를 통하여 "깊고 넓은 차원에서 인간을 이해"할 수 있게 된다고 말한다. 심리학적 존재로서의 인간과 실존적 존재로서의 인간의 사유를 통합함으로써 메이는 "인간을

---

89 May, "The Origin and Significance of the Existential Movement in Psychology," in *Existence, a New Dimension in Psychiatry and Psychology*, pp. 11, 26.

분열시키고 인간성을 괴멸시키지 않는 인간학이 가능하다"[90]고 본다. 이러한 사유를 통하여 메이는 병든 사람뿐만 아니라 심리 치료라는 병든 과학, 더 나아가 병든 서구 문명 세계를 도울 수 있는 치유의 과정을 발전시켜 나간다.

통섭, 절박함 그리고 열정이라는 세 가지 특징을 기반으로 메이의 논문을 20세기 중반 상황의 전형으로 해석할 수 있다. 무엇보다 그의 사상의 기저에는 단절과 한계에 대한 불안감, 현대 서구 문명의 인간 분류에 대한 불안감이 있다. 모든 계층에서 우리 문화의 구성원들에 의해 이 불안은 퍼지고 또 퍼져 나간다. 많은 이들이 이 불안한 상태가 견디기 어려운 것임을 깨닫게 된다. 바로 이 불안이 우리를 통합으로 이끄는 존재론의 깊은 차원을 신뢰해야 한다는 메이의 열정적 조언에 힘을 실어준다. 두 번째로, 이 통합으로 나아가는 노력에서 메이는 이미 존재하는 경계들을 무시하며, 아주 다양한 분야들을 아우르는 이론과 가설, 관점을 전개해나간다. 예컨대 이전의 문명과 현대 서구 문명을 구분하는 주요한 기준 중 하나는 현대인들이 사용하는 많은 언어들이다. 현대인들은 경험과학, 논리학, 수학과 같은 수많은 인공의 합리적 언어를 말한다. 또한 시적 언어, 법률 언어, 신앙의 언어,

90   *Ibid.*, p. 36.

여러 학문적이고 정치적인 언어들을 말한다. 메이의 고민은 이러한 다양한 언어들의 실제적인 혹은 그렇게 보이는 비연속성과 관련되어 있다. 통합의 결여는 메이의 연구에 절박함을 가져다주었고 그가 모든 엄격한 언어적 장벽들을 거부하거나 무시하는 담론을 열정적으로 주장하게 만들었다. 그는 현대인의 분열된 세계라는 긴급한 위기에 적절한 "새로운" 통합적 언어를 받아들일 것을 권고한다.

이 상황의 절박함과 해결책을 향한 강한 욕구 때문에 메이는 그 의미와 함의를 충분히 살펴보지 않은 채 성급하게 주장을 펼쳤다. 메이의 논문은 그의 분명한 가치 판단에서 나왔으며 인간의 본질, 사회와 문명, 선과 악, 신에 대한 강한 확신에 그 뿌리를 두고 있다. 이 논문의 취지는 종교적 선포 혹은 어떠한 종교적 관점에 대한 신학적 고찰이다. "과학과 존재론을 통합하려는 운동"이라는 개념은 종교적 함의를 가지고 있다. 그가 제안한 질병의 치료법은 현 세계의 건강에 대한 종교적 해석을 권유한 것과 같다. 이러한 측면에서 볼 때 메이의 글을 심리학이나 철학 담론으로 보는 것은 옳지 않다. 오히려 그의 언어는 고백적이다. 그리고 그의 논문은 그의 고백적 세계관을 밝혀주고 설명해주는 신학적 작업이다.

메이가 설명해주는 신학의 핵심은 존재 자체이며, 그 신학은 그 자체로 존재론이다. 메이는 "존재론"이라는 용어를 처음 사용할 때 그것을 "존재의 과학the science of being"[91]이라고 설명한다. 그러나 "과학"이라는 용어는 우리 현대인들이 이해하는바 분명 존재론의 충만한 풍미를 전달할 함축적 의미를 가지고 있지 못하다. 메이의 관점에서는 "존재론"이라는 단어는 너무도 평범한 것이다. 메이가 이 단어로 의미하고자 한 바는 존재론적 추론을 통해 경배의 행위를 하는 것과 동일한 것이다. 궁극의 중요성, 현대인과 현대인의 경험과학에서는 간과되어온 것에 대한 인정과 존경이 경배 행위에 포함되어 있다. 메이의 논문에서 보이는 열정은 "주체와 객체의 분열의 기저에 있는 실재"에 대한 기쁨에 찬 인정에서 비롯된다.[92]

메이의 존재론의 핵심인 존재 자체는 전통적 철학이나 전통적 존재론의 그것이 아니라 인간의 존재 자체다.[93] 그러나 이는 논문 전체에서 아주 흥미로운 문제를 제기하는데, 메이가 "존재론"이라는 단어로 두 가지 다른 것을 의미했다고 보는 것이 가능해진다. 우선 메이는 인간의 더 깊은 차원을 조망하는 인간 이해를 설명하기 위해 이 단어를 사용하였다. 첫째, 과거의 기계적

---

91 *Ibid.*, p. 12.
92 *Ibid.*, p. 18.
93 *Ibid.*, pp. 12, 15, 18, 31.

이고 실증주의적인 심리학적 방법으로는 "있음is-ness"에 대해서 알 수 없다. 둘째, 메이는 이 단어를 과거의 기계적, 실증주의적 방법으로는 알 수 없는 존재 자체의 더 깊은 차원을 보는 세계 이해를 이야기하기 위해 사용하였다. 메이는 이 두 가지 이해를 "존재론"이라는 하나의 용어에 담았다.

어떻게 메이는 있음is-ness과 존재 자체Being를 동일시하였는가? 그렇게 쉽게 이들을 "존재론"이라는 동일한 단어 안에 포함시켜도 되는 것일까? 있음과 존재 자체의 차이는 이들에 반대하는 철학들을 고찰해봄으로써 알 수 있다. 있음을 부정하는 철학자들은 인간에 대한 기계적 이해를 옹호한다. 존재 자체를 부정하는 이들은 단순히 인간에 대한 기계적 관점을 옹호할 뿐만 아니라 전통적 존재론은 물론이고 현대적인 형태의 존재론도 거부한다. 이 반대편의 두 그룹은 그다지 공통점이 많지 않다. 존재론에 비판적인 다양한 그룹들 중에는 흄과 칸트, 키르케고르, 니체, 그리고 논리실증주의 말고 다른 이름을 선호하는 많은 현대 철학자들(논리경험주의, 언어 분석 등), 사르트르와 같은 반反형이상학자들, 칼 바르트Karl Barth와 안데르스 니그렌Anders Nygren[94] 같은 신학자들이 있다. 존재 자체에 반대하는 이들 중

---

[94] 안데르스 니그렌(Anders Theodor Samuel Nygren, 1890~1978)은 스웨덴의 루터교 신

극소수만이(논리실증주의자들을 제외하고) 존재론을 거부하듯 동시에 인간에 대한 기계적 관점을 옹호하거나 있음의 차원을 부정할 것이다. 그러므로 단순하게 있음에 대한 인식과 존재 자체의 인정이 매우 유사하거나 동일하다고 추정해서는 안 될 것이다.

만일 인간의 있음과 존재 자체에 대한 관심이 서로 다른 것이라면 존재 자체에 대한 관심으로서의 존재론이란 무엇인가? 이 용어에 대한 대부분의 정의들은 정확하지만 오해의 소지가 많다. 예를 들어 룬스Runes의 《철학 사전》에서는 "존재론"을 "존재로서의 존재에 대한 이론the theory of being qua being"이라고 정의한다. 이 정의는 유해하지는 않지만 그렇다고 도움이 되는 것도 아니다. "이론"이라는 용어의 용례를 보자. "이론"이라는 단어 그리고 "과학"과 같은 유사한 단어들은 존재론의 아주 작은 부분, 말하자면 실재에 대한 합리적이고 충분히 숙고된 설명을 지칭한다. 1부에서 보았듯이 전통적 존재론은 환희의 외침이며 생명은 이성과 선, 아름다움의 거대하고 장엄한 신적 질서에 의해 유지된다는 것을 선포한다. 이 선포를 합리적으로 다듬어 인간,

학자로, 주저로 《에로스와 아가페》가 있다. 구스타프 아우렌과 함께 룬드파 신학을 이끌었다−옮긴이.

생명, 세계에 대한 정제된 지적 설명으로 만드는 것은 이 존재론의 일부일 뿐이다.

앞서 지적했듯이 이 환희의 선포로부터 형성된 포고들과 충분히 고찰된 설명들은 종교와 철학, 사회사상과 정치사상, 과학과 제도 등 서양 문명의 거의 모든 문화적 현상에 기초를 형성해왔다. 이 존재론적 신학은 흄과 칸트 이전 시대에는 거의 도전받지 않았다. 루터, 칼뱅, 파스칼의 목소리는 널리 퍼졌지만 흄과 칸트는 실로 거의 알려지지 않았다. 거대한 이성과 도덕적 세계 질서에 대한 믿음이 그 힘을 잃어간다는 것을 흄과 칸트가 보여주게 된 것은 18세기 후반부이었다. 나아가 키르케고르와 니체는 흄과 칸트보다 목소리를 높여 그 취약함에 대해 이야기했다. 니체의 "신은 죽었다"는 울부짖음은 사실 플라톤의 환희에 찬 선포에 대한 반대이다. 흄 이전 시대의 인간은 우주적 질서의 안전한 집에서 살아왔다면 흄 이후로는 많은 이들이 집과 같은 것 혹은 그것의 타당성과 실재성을 보증하는 역할을 하는 신에 대한 믿음이 단지 망상일 뿐이라고 주장한다. 따라서 메이의 입장은 새로운 것이 아니다. 분명 키르케고르와 니체로부터 유발된, 인간의 있음에 대한 강조는 새로운 것이지만 존재 자체에 대한 환희의 선포는 그렇지 않다. 오히려 메이의 신학의 이 요소(존재 자체에 대한 환희의 선포)는 흄 이전 시대에 기반을 두고 있다.

이 믿음에 대하여 메이는 존재 자체의 권위와 영광이 도전받지 않던 시대로 회귀한다. 그는 존재론에 대한 그 자신의 정의가 제시하는 바대로 실재를 이해하고 있을 뿐만 아니라 그에 대한 대단히 특별한 믿음을 설교한다. 이러한 맥락에서 본다면, 메이의 선포는 존재 자체를 비방하는 비판자들에 대하여 존재 자체를 변증해온 오랜 전통의 연장선상에 서 있음을 알 수 있다. 이 연구에서 다루는 것은 심리 치료의 새로운 방향이 결코 아니다. 실제로 메이가 제기한 새로운 방향은 고전 철학에 뿌리박은 존재 자체에 대한 선포를 정당화하고 또한 그 선포에 의해 정당화된다. 메이에게 중요한 것은 우리의 문명 전체, 삶 그 자체이다. 존재 자체가 없다면 그리고 존재 자체에 대한 합리적 설명과 선포인 존재론이 없다면 삶은 살 가치가 없는 것이며 질서가 아닌 무질서, 합리성이 아닌 임의성일 것이다. 이것은 플라톤의 시대로부터 메이의 시대에까지 계속되는 오래된 포고이다.

흄 이후의 플라톤적 신학에는 불가해한 것이 있다. 존재 자체의 질서와 이성의 도덕적 세계 질서에 대한 믿음이 흄, 칸트, 키르케고르, 니체처럼 뛰어난 인물들에게 심각한 도전을 받았다면, 그리고 그러한 믿음의 쇠퇴가 현대인의 두드러진 특징 중 하나라면 이 도전에 우리 스스로가 진정으로 맞서지 않고서 어떻게 존재 자체에 대한 담론을 새롭게 할 수 있겠는가? 이는 흄 이후의 플라톤적 신학에만 해당하는 사실이다. 플라톤으로부터 라이프니츠까지 서구 문명은 진정으로 이 믿음의 은혜로 유지되었다. 존재론적 집Ontological Home은 그것의 적자들의 신념의 권위와 힘에 의해 지탱되었다. 그러나 흄 이후 이 신학의 힘은 20세기 중반까지 점차 쇠퇴하였다. 현재 서구 문명은 깊은 불안에 휩싸여 있다. 서구 역사상 처음으로 오늘날의 인간은 존재의 질서, 천상의 지붕, 집에 대한 확신이 주는 안도감 없이 살아가야만 한다. 나치와 공산주의 혁명의 공포는 "신은 죽었다"라고 무의식적으로 느낀 사람들이 지금 혼돈에 빠져 있는 국민들을 위한 세속적인 집을 폭력과 유혈로써 건설하려 한 시도라고 이해할 수 있다. 흄 이래로 이미 죽은 존재의 질서를 가리키며 우리 시대의 문제를 논하려 하는 것은 비현실적이지 않은가? 그러나 여전히 메이는 존재 자체를 요청한다.

이러한 신학의 특정한 측면에 대해 불온한 질문을 제기하는 것은 가능하고 또 필요한 것이 아닌가? 니체와 프로이트 등은 우리에게 먼저 거대한 담론을 의심해보라고 가르친다. 그들은 거대 담론 배후에 무엇이 있는지 묻는다. 분노? 두려움? 아니면 다른 무엇? 니체라는 철학자의 이름과 프로이트라는 심리학자의 이름은 철학자들과 심리학자들 모두가 이러한 불온한 질문을 던질 것이라는 기대감을 갖게 해준다. 그러나 실제로 이러한 곤란한 질문을 던지는 철학자나 심리학자는 거의 없는데, 이는 우리를 더 깊은 불안에 빠뜨린다. 명백한 질문을 묻지 않는다. 심지어 그러한 질문을 하는 것이 일인 사람들조차 묻지 않는다. 니체와 프로이트가 현대인에게 물려준 유산이 있다면, 그것은 명백하지만 곤란한 질문이 제기되지 않을 때 의혹을 품는 것이다. 그러나 우리의 시대에서, 메이가 보여주듯이, 우리는 불편한 침묵을 겪고 있다.

메이만이 이러한 입장을 취하는 것은 아니다. 많은 심리학자들이 이러한 생각을 공유한다. 많은 철학자들과 신학자들도 그와 같은 입장을 취한다. 이 세 분야의 학자들이 이러한 기초적인 믿음에 동의한다는 것은 놀라운 일이 아니다. 왜냐하면 이 당면 과제는 단순히 특정 분야에 국한된 문제가 아니기 때문이다. 우리는 여기서 이론적 존재론을 다루는 것이 아니라 자유주의자, 유신론자, 형이상학자 집단의 신학을 다루고 있다. 그들은 한편으로는 근본주의자들로부터 그리고 다른 한편으로는 회의주의자들로부터 스스로를 구별 짓는다. 그중 회의주의자들은 그들의 가장 위험한 적으로, 회의주의에 반대하는 그들의 열의는 아주 흥미롭다. 일반적으로 그들은 소피스트, 유물론자, 논리실증주의자, 회의주의자를 비판한다. 그들이 비판하는 입장은 무신론, 상대주의, 불가지론적 입장이다. 그 비판의 목록에는 철학이 태어난 때로부터 오늘날에 이르기까지 철학의 대적으로 여겨져 온 집단과 태도로 채워져 있다.

　메이와 같은 심리학자들이 플라톤적 신학에 질문을 던지도록 유도한 회의주의에 대한 플라톤주의의 맹렬한 분노에는 무언가가 있는 것이 아닐까? 플라톤과 아리스토텔레스는 소피스트를 이론적 기반에 대해서뿐만 아니라 도덕적으로도 비난한다. 그들은 소피스트들이 영적으로 천박하고 도덕적으로 비난받을 만하다고 묘사한다. 이러한 이중의 비난이 심리학자의 호기심을 강하게 자극하지는 않는가? 만일 자신의 적을 합리적 주장으로 굴복시킬 수 있다면, 그 적을 도덕적으로 파괴하는 것이 왜 필요한 것일까? 이러한 태도는 깊숙이 뿌리내린 병을 가리킨다. 이러한 공격은 공격받는 이가 아니라 공격하는 이에 대해 우리에게 많은 것을 알려준다. 이러한 냉혹한 공격을 시작한 이들은 틀림없이 크게 상처받았을 것이다. 일반적으로 이러한 격양된 태도는 공격하는 이가 공격받는 이의 주요한 주장에 자신이 생각했던 것만큼 강하게 반대하지는 않을 때 나타난다. 그는 스스로를 논박하고, 자신에게도 있는 상대방의 경향성을 비난한다. 소피스트를 강하게 비난하는 사람은 분명히 어느 정도 소피스트와 같을 것이다. 왜 그럴까? 여기에 관계된 것은 소피스트 철학 그 자체가 아니라 그것이 맞든 틀리든 플라톤과 아리스토텔레스가 그려낸 소피스트의 이미지이다. 그들이 그토록 강력하게 공격한 것은 바로 이 이미지이다. 그들은 이 이미지를 증오하였고, 동시에 그들 자신을 폭로하려는 이 이미지의 힘을 두려워하였다. 오늘날 플라톤주의자들의 공격은 무엇인가? 그들의 공격은 전통적 철학자들의 매서운 공격을 넘어선다. 전통적 철학자들의 공격이 이론적인 측면에서와 도덕적인 측면에서의 이중적 공격이었던 반면 오늘날의 플라톤주의자들은 도덕적인 측면을 집중 공격한다. 예컨대 그들은 논리실증주의자들을 정신적이지 못한 세속적인 자들이라고 비난한다.

전통적 철학자들은 소피스트의 상대주의를 받아들일 수 없는 것으로 여겼다. 우리에게 문제시되는 것은 플라톤이 정확히 어떠한 상대주의에 분개하였고 그것이 어떻게 소피스트와 연계되었는가에 대한 역사적 문제가 아니다. 플라톤이 두려워하고 증오한 것은 절대적 규범, 가치, 진리가 실제로 존재한다는 것을 인정하지 않으려는 특정 사상가들의 태도였다. 그러나 플라톤은 오직 그러한 절대적인 것들에 호소함으로써만이 붕괴되고 있는 아테네의 문명을 재건할 수 있다고 확신했다. 따라서 그에게 상대주의자들은 경쟁 학파에 속한 철학자이거나 그가 결코 동의할 수 없는 신조를 가진 이들이라기보다 이성을 원래 목적에 반대되게 잘못 사용하는 위험한 사람들이었던 것이다. 그들은 이성을 사람들을 존재의 질서로 이끄는 데 사용하는 대신, 참된 삶의 기저인 보편성 그리고 진리와 가치의 절대성을 공격하는 데 사용하였다. 상대주의에 대한 맹렬한 거부는 플라톤 안에 굉장히 깊숙이 자리 잡고 있어서 그의 철학에서 이러한 거부를 분리해내려는 시도는 그의 사상에서 심장을 분리해내는 것과 마찬가지다.

플라톤의 우주와 같은 거창한 건축물이 그 탄생에서 상대주의에 대한 너무도 인간적인 분노와 결부되어 있었다는 것은 놀라운 일이 아닌가? 마찬가지로 우리 문명에 대하여 논의되는 것도 그 시작에서부터 순전히 상대적인 것에 대한 강한 분노와 두려움에 빠져 있었던 것은 아닌가? 우리는 여기서 우리 문명의 중요한 뿌리를 만나게 된다. 절대적인 것이 아니라 약하고 부패하고 죽게 될 상대적인 것에 대한 "성스러운" 두려움. 중요한 것은 이성과 선 그리고 아름다움의 질서뿐만이 아니라 의심 없이 절대적으로 받아들여지는 모든 것이다. 오직 회의주의자, 상대주의자, 실증주의자, 소피스트만이 이 같은 집의 신성, 합리성, 실재성, 영광, 타당성을 의심하려 들 것이다.

참된 자유를 얻기 위하여 이러한 두려움 위에 문명을 건설하는 것은 가능한가? 두려움에 사로잡힌 사람들은 어느 정도 창조적일 수 있다. 하지만 그들은 진실로 자유로운가? 심리학자들은 "플라톤주의자들이 실제로 두려워하는 것은 무엇인가?"라고 물어야 하는 것 아닌가? 이러한 엄청난 저항을 불러일으킨 적은 분명 대단히 중요하고 강력한 적일 것이다. 나아가 그 적은 그 가공할 힘뿐만 아니라 우리에게 실제적인 호소력을 가지고 있기에 두려운 상대임이 틀림없다. 플라톤주의자들은 외부의 적뿐만 아니라 내부의 적도 두려워한다. 플라톤주의자들은 만약 그들 자신이 영원하고 보편적이며 필연적이고 의문의 여지가 없는 절대 진리를 찬양하지 않는다면 자기 스스로를 파괴하게 될 것이라는 점을 두려워한다. 그들은 그들이 절대주의와 혼돈 사이에서 선택을 해야만 한다는 것을 믿는가? 그들은 그들 속에 있는 혼돈을 두려워하는가?

상대주의에 대한 저항의 강렬함은 환희와 영광을 향한 울부짖음의 깊이와 힘을 보여준다. 메이가 말했듯이 존재론은 "이론"이나 "과학", "가설"을 다루지 않는다. 존재론은 만족스러운 체계 내에서의 "개념들의 통합"을 목표하지 않는다. 존재 자체에 대한 메이의 관심에서 실제로 중요한 것은 이론적인 무언가가 아니라 생명 그 자체, 생명의 의미와 중요성이다. 위협을 당하는 것은 성스럽고 신성하며 연약한 것이고 따라서 위협이 되는 것은 순전한 악, 그리고 악의 시현인 암이다. 메이가 주장하듯이 만일 심리학자들이 위기의 인간, 불안과 고독으로 괴로워하는 사람들을 다루고 있다면, 우주적 집의 붕괴에 대한 설명 없이 어떻게 사람들의 곤경을 이해할 것인가? 결국에는 그 안에서 모든 사건들이 이해되는 집을 더 이상 진솔하게 주장하지 않는 이들에게는 위기, 불안, 고독이 훨씬 더 혹독하지 않을까? 진짜 불안은 자신의 진실성을 지키기 위해 존재 자체에 혹은 존재 자체로 자신을 이끄는 존재론에 호소하지 못하는 이들만의 몫은 아닐까? 사람들이 존재의 질서에 대한 고귀한 오랜 믿음이 더 이상 소용없다는 것을 깨닫기 시작한 후에야 고독과 불안을 인식하는 것이 가능해진다고 주장해야 하는 것은 아닐까? 환자에게 이 붕괴되고 있는 집을 은신처로 추천하는 심리 치료사는 환자의 불안과 고독의 절박함 속에서 진짜 문제를 보지 못한 것이다. 사실, 환자의 절박한 상황을 야기한 것은 그의 존재론적 집의 붕괴 그 자체이다.

메이는 집, 특히 오랜 플라톤적 신학의 집에 대한 불안을 보이는 불안의 시대에 불안의 근원을 묻지 않았다. 중요한 질문들을 외쳐야 할 때 그는 불편한 침묵을 지켰다. "우리 시대"의 전형으로서 메이는 침묵을 지킴으로써 현대인들의 위기에 지나치게 쉬운 해결책을 열정적으로 다급하게 제시한다. 이 침묵은 불안하다. 왜냐하면 이 질문들은 위기를 알고 있고 불안과 고독 속에 있는 20세기 인간의 자유를 향한 간청에 응답하기를 갈구하는 이들이 울부짖으며 제기해야만 하는 것이기 때문이다.

  지금까지는 심리학자들이 메이의 논문에 나타난 경향성에 대하여 강하게 저항하지 않았다고 가정했다. 그러나 꼭 그런 것만은 아니다. 《심리학의 언어》에서 조지 맨들러와 윌리엄 케센 William Kessen[95]은 심리학적 관점에서 강하게 저항한다. 그러나 그러한 저항에서조차 그들의 접근법은 메이와 마찬가지로 우리 상황의 전형을 보여준다. 중요한 질문을 물어야 하는 때에 또다시 불편한 침묵이 흐른다. 하지만 그것은 현재 우리의 위기 상황에 대해 특정한 답변을 유지하기 위해서일 뿐이다.

  맨들러와 케센이 처음으로 제기한 질문은 과학과 과학자에 대한 문화적 기대와 관련돼 있다. 20세기 서구 문화에서 과학자는 "모든 것에 대한 답을 가진" 그리고 "최신 윤리와 생명에 대한 현대적 접근법을 제공하는 것"이 의무인 현자로 여겨진다. 맨들러와 케센은 과학이 그러한 전지함을 주장해서도 안 되고 주장할 수도 없다고 주장한다. 사실, 과학은 문제의 영역을 엄격히 제한한다. 참된 과학자는 과학의 한계를 알고 인정하며 자신이 현자라고 생각하는 대중의 생각에 동의하지 않는다. 맨들러와

95　미국의 발달심리학자(1925~1999)—옮긴이.

케센은 언어의 한계와 기능에 대한 오해에서 비롯된 과학자의 역할에 대한 우리 문화의 혼동을 알고 있다. 그들은 다음과 같이 주장한다. "일상생활에서 많은 것들을 볼 수 있고 일상 언어로 많은 것들을 말할 수 있는 반면" 과학의 언어는 다양한 지식 가운데 비교적 작은 부분에서만 살아남은 "조직적 학문systematic study"에서만 기능한다.[96] 일반 언어는 삶의 모든 영역에 대하여 말하지만, 과학의 특별한 언어는 오직 과학적 학문에 대해서만 말할 수 있다. 비록 한 인간으로서의 과학자는 일반 언어를 말할 수 있을지라도 과학자로서는 오직 과학의 언어의 한계 내에서만 말할 수 있다.

맨들러와 케센의 접근법은 메이와 정반대다. 메이는 인간의 지식 범위를 인간 내부에 가장 깊이 자리 잡은 것으로부터 세계와 존재 그 자체를 포함시키고 또한 심리학의 뿌리를 존재론 이외에는 두지 않는 것으로 나아가야 한다고 단언하였다. 맨들러와 케센의 연구의 주요 경향은 제한에 있다. 과학자로서 심리학자는 특정하고 제한된 업무가 있다. 따라서 윤리학이나 삶의 방향과 같은 문제에 대해 심리학자에게 질문하는 것은 심리학자를 완전히 오용하는 것이다. 메이의 관점에서는 우리가 존재 자체

---

96 *The Language of Psychology* (New York: Wiley, 1959), pp. 151, 152.

의 언어를 의식하고 사용할 때에야 비로소 의미 있는 말을 할 수 있는 것이다. 반면 맨들러와 케센의 관점에서는 우리가 언어의 한계를 알고 그 한계 안에 겸손하고 지혜롭게 머물 때에만 의미 있는 말을 할 수 있는 것이다.

과학은 일상생활의 관심사와 구분되어야만 하는데, 맨들러와 케센은 그들이 "신뢰할 만한 것reliables"이라고 부르는 두 가지 다른 언어를 통하여 이를 공식화한다. 첫 번째 "신뢰할 만한 것" 은 오직 특정하고 중요한 조건의 이해 속에서만 정확하다고 믿을 수 있는 일상어vernacular이다. 두 번째는 훨씬 신뢰도가 높고 그 신뢰도를 향상시키고자 지속적으로 노력하는 과학 언어이다.

일상어는 일상적으로 사용되는 일반적인 언어다. 이 언어는 긍정적 가치를 갖는다. 이 일반적 언어는 "일상적 사건과 인지를 위한 대단히 정교한 체계"이며 "세계를 보는 뿌리 깊은 방법─환경의 문화적 양식화"이다. 나아가 이것은 "원형적 세계관, 원심리학, 원철학"으로 볼 수 있다. 하지만 그 원형적 본성에도 불구하고 이것은 여전히 "과학적 진술과 일반화의 주요한 근원"이다.[97]

한편, 일상어에 기초해 있을지라도 과학 언어는 "정제된 형

---

97 *Ibid.*, p. 9.

태"이며 그 "체계"와 "정확성" 그리고 "항상성"이라는 의미에서 일상어와는 구분된다. 과학 언어는 평범한 일상적 언어는 아니지만 어떤 의미에서는 대중적 언어인데, "전달 가능성"[98]이 과학 언어의 기본 요건이기 때문이다. 맨들러와 케센은 이 전문화된 대중적 언어는 일상어가 실패한 자리에서 나타난다고 믿는다. 그들은 이렇게 이야기한다. "일상 언어가 불충분할 때 특별한 언어에 대한 필요성이 대두된다."[99] 일상어가 불충분한 이유는 일상어의 모호함과 애매함 때문이다. 저자들은 몇 페이지에 걸쳐 일상어의 이러한 점과 다른 약점을 상술하지만 결국에는 다음과 같이 경고하며 끝을 맺는다. "새로운 언어를 만드는 것은 과학자의 임무가 아니다. 과학은 일상어를 버리는 것이 아니라 일반적 언어를 통하여 일상어의 문제점을 그 내부로부터 변화시키는 것이다."[100]

맨들러와 케센이 세운 대전제는 현대 과학은 넓게 보면 언어의 문제이지 사물이나 기술의 문제가 아니라는 것이다. 그들은 이를 다음과 같이 표현한다. "세계에 대한 주장을 전달하는 주요한 매개는 언어이다. 언어는 관찰과 일반화 그리고 추론의 임무

98 *Ibid.*, p. 4.
99 *Ibid.*, p. 9.
100 *Ibid.*, p. 18.

를 수행한다."[101] 서문에서 그들이 말하는 바는 더욱 놀랍다.

과학 철학자들의 엄밀한 검토는 과학적 행위의 본질에 대해 거의 혁명적으로 재평가하도록 몰아붙였다. 대중적으로나 학술적으로나 과학자의 전통적 관점은 자신의 언어가 아니라 어떻게 세계를 다루는가에 초점을 두었다. 미생물, 원자, 유전자를 연구할 때 과학자는 실험 장비들에 둘러싸인 채 분주하게 무언가를 절단하거나 무언가를 집중해서 관찰한다. … 형이상학, 의미론, 방법론에 관한 논쟁을 경멸하는 오만한 태도와 더불어 **사물**에 집중하는 것은 과학자의 표지가 되어왔다.[102]

하지만 이제는 많이 바뀌었다.

20세기는 자의식을 가진 과학자의 시대가 되었고 논리, 수학, 어휘 형성, 이론의 정교화와 같은 과학자의 기본 수단들은 과학 철학자들과 과학자들 스스로에 의해 계속하여 검토되고 있다.[103]

---

101 *Ibid.*, pp. 10, 11.
102 *Ibid.*, pp. 1, 2.
103 *Ibid.*

과학자들은 세계 그 자체로부터, 그 세계 내의 사물들로부터 이 세계에 대한 세밀한 설명을 할 수 있는 수단이 되는 언어로 관심을 돌렸다.

여기까지는 좋지만, 메이와 마찬가지로 맨들러와 케센은 몇 가지 분명하고 중요한 질문들을 던지지 못했다. 과학의 관심 영역을 제한하려 했음에도 불구하고 과학에 대한 그들의 접근은 문화의 해석을 포함하고 있다. 분명히 애매하고 불충분한 일상어로부터 정확하고 투명한 과학 연구의 분명하고 명확한 영역으로 나아가려는 움직임이 있다. 맨들러와 케센은 이 움직임을 인식하고 있었고 높이 평가했다. 그러나 이러한 정확성을 향한 움직임에도 불구하고 제한된 범위의 과학이 거리를 두고 있는 일상어의 더욱 광범위한 영역이 여전히 존재하고 있다. 문화의 비과학적 측면인 이런 영역은 우리의 과학 시대에서 부정적 역할을 할 수도 있지만, 사라지지 않고 여전히 그 역할을 하고 있다. 과학 언어의 신뢰성에 초점을 맞추다 보니 저자들은 일상어의 넓은 영역을 충분하고 명확하게 다루지 못했다. 일상어와 과학 언어가 신뢰할 만하다고 인정한다 하더라도 무엇을 위해 그것들이 믿을 만하다는 것인가? 누구를 위해서인가? 인간을 위해서인가? 그렇다면 어떤 인간을 위해서인가? 문명을 위해서인가? 어떤 문명을 위해서인가? 어떤 가치를 위해서인가? 어떤 목적을 위해서인가?

과학이라는 주제를 논할 때 우리는 과학의 운용자인 인간과 과학의 출발점이자 인간이 사는 세계 그리고 한 과학자의 발견을 다른 발견들과 비교할 수 있도록 도와주는 대화의 수단인 언어에 대한 논의들을 기대할 수 있다. 그러나 맨들러와 케셴은 세계를 중시하지 않고 주로 대화의 수단에만 집중한다. 그들은 그 언어를 말하는 전달자에 대해서는 전혀 언급하지 않는다. 그들의 글에서 인간 자체에 대한 큰 관심은 찾아볼 수 없지만 언어의 기술에 대한 이론적 관심은 볼 수 있다. 이는 좀 이상한 일인데, 왜냐하면 여기서 논의되고 있는 과학은 화학이 아니라 심리학이기 때문이다. 만일 일상어가 그렇게 애매모호하고 속이기 쉬운 것이라면 그 언어를 사용하는 인간은 어떠한가? 그 일상어가 모호하다고 말하는 것은 추상적인 것이 아닌가? 오히려 일상어를 말하는 사람이 모호하게 말하는 것은 아닌가? 모호함과 어리숙함은 낡고 오래된 외투와 같아서 우리가 그것을 벗어놓고 새 옷으로 갈아입을 수 있는 것은 아닌가? 만일 모호한 "습관"을 버리고 정확한 습관을 가지게 된다면 우리는 여전히 동일한 사람일까? 아니면 이 "습관"의 옷을 입은 사람 안에 변화가 일어난 것인가? 왜 심리학 연구는 인간의 있음is-ness에 관심이 없는가? 인간이 말하는 일상어와 마찬가지로 인간 자체는 애매하고 모호하여 신뢰할 수 없다는 이유로 맨들러와 케센이 인간에 대한 문제를 제기하고 그에 대해 답하는 것을 회피해도 괜찮은 것인가? 그들이 언어의 전달자인 인간에 대해 질문을 던지지 않는다면, 그들이 신뢰성, 특히 과학 언어의 신뢰성에 초점을 맞추고 있다는 사실에도 불구하고 나는 인간의 두 언어인 일상어와 과학 언어의 신뢰성이 과연 그들이 믿는 것처럼 대단한 것인지 묻고 싶다.

이렇게 언어의 신뢰성을 가정하는 것은 언어에 대한 편파적인 관점은 아닌가? 일상어와 과학 언어 사이의 관계를 오직 이론적 관점에서만 볼 수 있다는 입장에서는 과학 언어가 훨씬 더 신뢰할 만할 것이다. 왜냐하면 과학 언어는 명석과 판명이라는 이론적 가치가 훨씬 크기 때문이다. 이 언어는 명확하고 분명하여 지적 도구로 사용하기에 훨씬 더 적합하다. 그러나 언어에 대한 이러한 관점은 일상어에는 매우 중요한 평가 요소를 간과한다. 일상어가 "사건과 인식의 질서를 위한 고도로 정교한 체계"이며 "세계를 보는 뿌리 깊은 방법—사건과 대상의 세계에 대해 진술하기 위한 기본 구조로 우리 모두가 사용하는 환경의 문화적 양식화"[104]라고 말하는 것은 너무 축소된 표현이다. 이 정교한 체

---

104 *Ibid.*, p. 9.

계는 사건과 인식을 질서 있게 정리할 뿐만 아니라 평가하기도 한다. 세계관은 특정 사건과 사람, 제도를 선호하고 선택하며 받아들이는 인간을 암시하고 또한 다른 사람, 사건, 제도를 피하고 두려워하며 욕하는 인간을 암시하기도 한다. 일상어를 "원형적", "원심리학과 원철학"이라고 부르는 저자들의 언어에 대한 지나치게 이론적인 관점은 과학 언어와 일상어의 차이가 충분히 발달되고 성찰된 지성과 나이브하고 두서없으며 태평스러운 이해 사이의 대비에만 있음을 암시한다. 그들은 인간의 기본적인 언어인 일상어에서 표현되는, 인간의 삶에서 항존하는 가치 판단의 역할에 대해서는 침묵을 지킨다.

일상어는 사실 개인적인 신념의 언어이다. 그것은 모든 종류의 편견, 진솔한 믿음, 편협한 신앙을 표현한다. 그러나 맨들러와 케센이 과학 언어의 기반이라고 한 일상어는 그들이 말하는 것보다 훨씬 더 복잡하고 모호하다. 과거에 영향력이 막강했던 그리고 지금도 어느 정도 영향력을 미치고 있는 종교—유대교와 신·구교의 기독교 신앙—가 우리가 "일상적으로" 사고하고 말하는 방식을 형성하는 데 영향을 미쳤다는 사실을 누가 부정할 수 있겠는가? 2~3세기 전까지만 해도 거의 아무런 도전도 받지 않았던 수많은 "미신들"은 또 어떠한가? 이러한 것들은 일상어에서 나타나는 신념적 세계관을 형성해왔다.

우리가 이야기하고 있는 언어—20세기 서구 문명화된 국가들의 일상어—는 매우 젊은 언어다. 이 언어들은 태어난 지 채 2세기도 지나지 않았다. 따라서 이 언어들은 특정 문명 그리고 그 문명의 특정 시기와 연관된 특정한 언어들이다. 그러나 이 언어들은 문명의 기초가 되어온 평가, 믿음, 신념과 강하게 연계되어 있다. 이러한 신념들은 다양한 믿음들 사이의 뿌리 깊고 치열한 갈등의 오랜 역사로부터 나왔다. 또한 일상어가 태어난 이후 2세기 동안 일어난 모든 일들을 잊어서는 안 된다. 미국 독립 혁명은 우리가 왕에 대하여 말하고 생각하는 방식에 영향을 미치지 않았던가? 미국 독립 혁명과 프랑스 대혁명은 우리가 자유와 민주주의에 대하여 말하는 방식에 영향을 미치지 않았던가? 산업 혁명과 사회적 혁명이 여러 대상과 사건에 대한 우리의 평가에 깊은 영향을 미쳤음을 그 누가 부정할 수 있는가? 교회 내의 다양한 현대적 사상, 현대 역사학, 우리의 과거 그리고 비서구 문명과 종교에 대한 새로운 해석은 또 어떠한가? 전체주의 체제를 인정해야 했던 필요성은 어떠한가? 이것이 우리 사고에 영향을 미치지 않았던가? 그러므로 우리의 일상어는 인간의 본성, 역사의 의미, 물리적 세계의 본질, 인간의 운명, 문명의 본질, 과학의 가능성과 임무에 대한 모든 종류의 확신을 구체화한다. 이는 맨들러와 케센이 다루지 않은 일상어의 본질이다. 그들은 신뢰할 수 있는 과학 언어에 도달하기 위해서 일상어에서 모호함과 어리숙함을 제거해야 하는지 묻지 않는다. 또한 우리는 평가하는 인간에 대해 설명할 필요가 있지 않을까?

우리는 맨들러와 케센이 다루지 않은 두 문제 사이에 연관이 있지는 않은지 물어야 한다. 그들은 인간의 인간성, 인간의 있음is-ness에 대하여 언급하지 않고 또한 신념이라는 일상어의 본질도 인식하지 않는다. 그러나 이 두 가지는 연계되어 있다. 대상과 사건에 대한 진술은 과학적이고 통찰력 있는 인간의 발화가 되고, 확신은 언제나 과학적 사유와는 다른 인간 삶의 중심에 놓여 있는 있음is-ness에 언제나 주목한다. 물론 맨들러와 케센은 일상어의 부정확성, 모호함 때문에 있음은 언급하지 않을 것이라고 말할 것이다. 그러나 그들의 제한은 만족스럽지 않다. 우리 문제의 중요한 측면들이 너무 많이 빠져 있다. 인간의 삶에서 쉽게 접근할 수 있는 측면들뿐만 아니라 그렇지 않은 것들도 논의할 기회가 있어야만 한다. 만일 접근하기 쉽지 않은 것을 빼놓는다면, 우리의 논의는 왜곡될 것이다.

메이의 입장과 맨들러와 케센의 입장은 어떻게 서로 연계되는가? 그들은 적대적인데, 그들의 대립에는 훌륭한 기반이 있어 보인다. 메이가 제시하는 확장과 통합의 경향성은 맨들러와 케센이 제시하는 제한과 상반된다. 일상어의 본질과 관련되어 우리는 다시금 큰 대척점을 만나게 된다. 메이는 일상어와 일상어의 전제를 어느 정도 공유하는 과학 언어로부터 자신을 분리시키는 반면, 맨들러와 케센은 그들의 문제에 일상어를 포함시키고는 제대로 보지도 않고 고려하지도 않은 채 곧바로 일상어를 폐기해버린다. 그러나 나는 일상어의 본질에 대한 심도 있는 분석이 필요하다고 본다. 그들이 말하는 일상어와 우리의 일상어에 대해 더 잘 이해하게 된 뒤에 우리는 서로 다른 이 두 입장 사이의 유사성을 더욱 명확하게 볼 수 있을 것이다.

B. 일상어 속에서의 울부짖음

미신의 개념에 대해 몇 가지를 언급하면서 일상어에 대한 논의를 시작해보려 한다. 크리스텐센은 《종교의 의미 *The Meaning of Religion*》에서 베르길리우스의 서사시를 인용한다(《아이네이스》 XII, 817).

스틱스(지옥의 강) 강가에서의 맹세는 신들을 위하여 존재하는 미신일 뿐이다. 여기서 미신은 영감을 받은 상태로 일상 상태 밖에서 혹은 그 너머에 사는 엑스타시스ekstasis이다. 따라서 맹세를 하는 이는 다른 세계인 신적인 공간에 거한다. 미신을 믿는 이superstitiosus는 신령한 영에 영감 받은 점쟁이 혹은 예언자이기도 하기에 맹세를 하는 이 또한 미신을 믿는 이와 마찬가지로 그러하다.[105]

크리스텐센은 미신superstitio이라는 단어가 어떻게 고대 로마 종교에서의 긍정적 의미에서 현대 문명에서의 부정적 의미로 변해왔는지는 설명하지 않는다. 그러나 그는 이 문제에 대하여 주목할 만한 의견을 제시한다. 먼저 그는 "진짜 종교"와 "죽은 믿음"을 구분한다. 이 구분의 의미는 샘물가에서 신탁을 요청하는 그림에서 찾을 수 있다. "진짜 종교"의 맥락에서 그는 피티아가 델피 신탁과 관련된 카소티스 샘에서 물을 마실 때, 예언의 은사를 받게 되었다는 믿음을 예로 든다. 신자들은 그 샘의 물이 스틱스 강물, 지하 세계에서 흐르는 생명의 물이자 생명의 지식의 물이기에 이 일이 일어난 것으로 이해한다. 피티아는 신적 생명의 신비로부터 예언을 받은 것이다. "죽은 믿음"의 맥락에서는 고대 관습과 유사한 현대의 관습을 예로 든다. 예컨대 모라비아 교도들은 크리스마스이브에 샘으로 음식을 가져와서 말한다.

---

105 *The Meaning of Religion*, pp. 430, 431.

"작은 샘아, 작은 샘아, 나에게 진실을 말해다오. 무엇이 일어날 지 말해다오." 크리스텐센은 다음과 같이 주장한다. "이러한 현 대의 관습은 죽은 믿음인 '미신'이다. … 예언의 샘물은 모든 지 혜와 생명의 자리인 창조의 물과 동일한 죽음의 영역에서 기원 한다는 것은 망각되었다."[106] 이러한 죽은 믿음은 "신과 신에 대 한 찬양이 사라진, 뿌리 뽑힌 믿음이다."[107]

크리스텐센은 또한 미신의 유사 과학적 본질을 강조한다. 예 를 들어 민간 신앙에서 우리는 달의 강력한 영향력에 대한 믿음 을 찾아볼 수 있다. 크리스텐센에 따르면 이 믿음은

자연 과학의 형식으로 자연 법칙과 같이 공식화된다. 믿음은 수많은 현상들을 어떤 합리적 원인의 결과로 본다. 그러나 그 것은 실수이다. 자연 법칙은 진리의 정확한 전환으로 공식화된 다. 믿음은 설명이 필요 없이 곧바로 미신으로 불린다. 그 관점 의 본질적인 오류 때문이 아니라 종교적 개념이었던 것에 과학 적 타당성을 내밀려 하기 때문이다.[108]

---

106 *Ibid.*, p. 131.
107 *Ibid.*, p. 80.
108 *Ibid.*

물론 크리스텐센은 미신의 비합리성에 기초한 비합리적 사유에 대항하는, 미신에 대한 매우 현대적 관점을 견지하고 있다. 한편 크리스텐센은 자신이 "미신"이라고 부른 것과 진짜 종교를 구분하며 논의의 다른 차원을 소개한다.

> 종교적 믿음은 다른 언어로 말한다. "월신月神은 이 세계의 모든 흥망을 관할한다." 이 관점은 지금까지 우리가 살펴본 것과는 근본적으로 다른 것이다. 종교적 관점은 모든 합리적 설명을 부정한다. "월신"이라는 용어는 민간 설화나 멜란히톤Philipp Melanchton의 저작에는 등장하지 않는다. 종교적 관점은 현상의 불가해한 본질에 집중한다. 그 현상 속에서 활동하고 있는 자기 고유의 그리고 자발적인 신적 힘이 그 불가해성 속에서 스스로를 나타낸다. 성장과 퇴보, 죽음과 생명은 생명과 죽음을 일으키는 신(이 경우 월신)과 마찬가지로 신비롭다.[109]

다시 한 번, 유사 과학적 진술로 이해되는 미신은 진짜 믿음과 대비된다. 여기서 차이점은 사용되는 언어이다. 진짜 믿음은 유사 과학인 미신의 합리성과는 완전히 다른 언어로 말한다.

---

109 *Ibid.*

마지막으로 크리스텐센은 우리가 이해하지 못하는 모든 믿음들을 "미신"이라고 부르는 것에 대하여 경고한다. 이는 진짜 종교와 죽은 믿음을 혼동하게 만든다.

　　이러한 믿음을 "미신"이라고 부르는 것은 그 믿음에 대하여 아무것도 설명하지 않는다. 그렇게 부르는 것은 그 믿음의 느끼고 생각하는 방식이 우리에게 맞지 않는다는 것만을 의미할 뿐이다. 우리는 〔우리가 아니라〕 신자들에게 그 믿음이 어떠한 타당성과 종교적 가치를 가지고 있는지 물어야 한다.[110]

　크리스텐센이 볼 때 "미신"이라는 개념은 언제나 "진짜 종교"와 "죽은 믿음"의 대비라는 맥락 속에서 이해되어야 하는데, "죽은 믿음"은 미신의 근원이다. 모든 믿음이 현대 과학에 대비되는 미신이라는 것이 아니라 단지 죽은 믿음이 미신이라는 것이다.
　크리스텐센의 관점과 권위 있는 사전이나 백과사전에 나오는 일반 서구인들의 관점을 비교해보자. 사전과 백과사전은 우리의 일상어에 암시되어 있는, 미신에 대한 현대적 관점을 분명히 보여줄 것이다. 웹스터 사전은 미신을 "알려지지 않은 것에 대한

110　*Ibid.*, p. 390.

무지와 이유 없는 두려움에서 비롯된 믿음이나 활동 … 혹은 그 인과관계에 대한 잘못된 개념"이라고 정의한다. 또한 "신 혹은 자연, 초자연에 대한 정신의 비합리적 태도", "신념이 강한 비합리적인 생각, 반대 증거에도 불구하고 지켜지는 관념"이라고 부른다. 이와 대비되게 《브리태니커 백과사전》은 미신에 대하여 이렇게 기술한다.

미신을 잘못된 믿음이나 행위와 동일시하는 것은 잘못된 것이다. … 그러나 어떤 사람을 미신적이라고 부르는 것은 일반적으로 어느 정도 정신이나 도덕적으로 결함이 있는 사람이라는 것을 의미한다. 따라서 우리는 현대 사회에서도 거울을 깨는 것이 불운을 가져온다고 진지하게 믿는 사람은 미신적이라고 불러야 한다. 그러나 원래 그 믿음을 가지고 있던 사람들은 그들 자신의 관점에서는 완벽히 합리적인 사람들이었다. 그들은 단지 잘못된 추론에 휘둘렸을 뿐이다.

《브리태니커 백과사전》은 계속해서 미신을 다음과 같이 묘사한다. "미신은 그것이 기초하고 있는 잘못된 전제들에 손상된 꽤 타당한 추론의 산물이다. 그 전제들의 오류가 명확하게 증명된 뒤에도 비합리적으로 이러한 전제들을 신봉하는 것을 미신이라고 부를 수 있다." 다시 말해 미신은 "스스로 근거를 가지고 있지 않으며 그가 속한 공동체가 성취한 계몽과 불일치하는 믿음과 행위를 받아들이는 것"이다. 헤이스팅스James Hastings의 《종교 및 윤리 백과사전》은 미신을 "세계에 대한 합리적 개념에 근거하지 않은 것으로 여기는 믿음, 습관, 망상 … 사건들을 주술의 영향으로 돌리려는 경향성"이라고 규정한다. 여기에 제시된 이 단어의 어원은 우리의 이해를 돕는다. "접두사 super는 과잉을 암시하는 듯 보이는데, 그것은 이 물질 세계에 대한 영적이거나 주술적인 개입에 대하여 검증되지 않은 진술을 받아들일 준비가 된, 초자연적 존재들에 대한 합리적 믿음의 과장을 암시한다." 헤이스팅스는 다음과 같이 말한다. "미신을 믿는 사람은 증거의 특징을 구분하는 교육을 받지 못한 사람이다. … 만일 잘 교육받은 지성인이 미신적인 편견과 공존한다면, 그것은 정신적 균형의 결여 때문일 것이다."

사전과 백과사전의 정의는 미신 현상에 대해서보다 현대 서구인들의 사고방식에 대해서 많은 것을 가르쳐준다. 위의 세 가지 정의 모두 문제의 복잡성에 대한 인식 없이 미신을 비난한다. 그 비난은 논의되고 있는 현상을 이해하려는 진실한 노력의 흔적을 거의 보여주지 못하는 해석에 근거한다. 또한 종교적 사안을 다룬 백과사전의 접근 방식이 일반 사전의 그것과 전혀 다르지 않다는 것은 중요하다.

미신에 대한 위의 세 가지 해석은 매우 간단하다. 미신은 미신을 믿는 사람에게 결핍된 것을 보여준다. 이 해석에는 매우 단순한 평가가 담겨 있는데, 그것은 결핍된 것은 좋지 않고 비난받아야 한다는 것이다. 이 나쁜 결핍은 무엇인가? 무엇보다 그것은 "지적 결핍"이다. 웹스터 사전은 "무지", "비이성", "잘못된 인과율", "비합리성", "근거 없음"과 같은 용어를 사용한다. 《브리태니커 백과사전》은 "잘못된 추론", "잘못된 전제", "명백하게 증명되지 않은", "근거 없는"이라고 이야기하며, 헤이스팅스는 "세계에 대한 합리적 개념에 근거하지 않은", "검증되지 않은 진술을 받아들이는"이라고 말한다. 두 번째로 이 결핍은 "도덕적 결핍"이다. 《브리태니커 백과사전》은 "도덕적 결함"이라고 표현하고, 웹스터 사전은 "증거에도 불구하고"라고 표현한다. 세 번째로 이것은 "힘"의 결핍이다. 특히 웹스터 사전은 "알려지지 않은 것에 대한 공포", "절망적인 태도", "합리적 믿음의 과장"이라고 한다. 마지막으로 그 결핍은 사람을 모자란 사람으로 만드는 결핍이다. 이는 "정신적 결함"(《브리태니커 백과사전》), "정신적 균형의 결여"(《종교 및 윤리 백과사전》)로 표현되어 있다.

종교적인 사람들이나 세속적 사람들 모두 의심 없이 채용하는 이러한 기준들은 종교적이건 그렇지 않건 현대 서구인에 대해 무엇인가를 보여준다. 현대 서구인은 여기서 매우 신념적인 세계관에 의해 인도되는 인간으로 나타난다. 웹스터 사전이나 그보다 학문적인 두 백과사전에서 설명된 일상어와 동일한 것인지와는 관계없이 그가 사용하는 언어는 그러한 세계관의 매개체이다. 사실 우리는 이 언어가 곧 이 특정한 세계관이고, 또한 현대 서구인이라고 말할 수 있다. 이 언어는 그가 말하려 배우는 언어이고 또한 고등학교와 대학교에서 쓰는 언어이다. 교육을 통하여 그는 정치, 교육 그리고 교회 생활에서 우리의 공적 사유를 지배하는 우리 문명에 대한 이러저러한 확신들을 갖게 된다.

우리는 지금 특정한 언어(웹스터 사전에서 표현한 대로 교육 기관에서 가르치고, 신문에 쓰여 있으며 라디오와 텔레비전에서 쓰이고 교회와 국회에서 사용되는 우리의 일상어), 지난 2세기 동안 서구인을 특정지어온 특정한 신념의 세계관 그리고 특정한 인간(이 시대의 서구인에게서 나타나는 인간됨의 특정한 방법)에 대해 논의하고 있다. 이를 웹스터 언어Websterian language, 웹스터주의Websterism 그리고 웹스터인Webster-man이라 부를 수 있을 것이다. 그러나 우리는 이 셋이 서로 다르고 구별되는 것들이 아니라 인간의 세 가지 다른 측면을 다루고 있음을 알아야 한다.

교육 기관에서 우리가 배우는 좋은 것 중 하나는 웹스터 언어를 말하는 법이다. 우리는 "증거", "분명한 증명", 우리의 명제를 "검증"해야 할 필요성을 존중하도록 배운다. 그러나 여기에는 커다란 문제가 숨어 있다. 어떠한 분야에서 이러한 유형의 검증에 대한 요구가 정당하게 기능하는가? 모든 분야에서 그러한가, 아니면 학계와 같은 몇몇 분야에서만 그러한가? 누가, 무슨 근거로 결정하는가? 이 문제에 대하여 웹스터 언어는 침묵한다. 그러나 우리의 문명에는 이러한 과정과 기준, 그리고 자연 과학에서 사용되는 조건들이 거의 모든 분야에서 적용되어야 한다고 받아들이는 강한 경향성이 있다. 내 생각에 이것들은 몇몇 다른 영역에서도 타당하다. 증거에 대한 존중이 없다면 법조계가 어떻게 되겠는가? 그러한 존중이 없다면 역사학에는 무엇이 남겠는가? (우리는 역사에 대한 전체주의의 조작을 기억해야만 한다!) 만일 우리가 증거라는 기반 위에서 논의하지 않는다면 성서학은 또 어떻게 되겠는가? 다시 말해 현대 서구인인 우리는 증명과 증거, 검증 없이는 아무리 작은 것도 해서는 안 된다. 왜냐하면 이러한 것들이야말로 진리에 대한 존중이 드러나는 방법이기 때문이다. 그러나 우리가 알아야 할 것은, 만일 과학 언어에서는 보편적인 증거와 증명, 검증의 기준과 과정을 제한적으로 사용하지 않는다면 우리는 특정한 현상, 삶과 우리 자신의 특정한 측면을 이해할 수 없다는 것이다.

크리스텐센의 주요 주제 중 하나는 거의 모든 고대 종교의 신도들에게 종교는 도덕률을 넘어서 있고 인간의 지적 열망과는 완전히 구분되는 어떠한 것이었다는 점이다. 유사한 통찰이 지난 한 세기 동안 널리 받아들여졌다. 이러한 관점은 삶, 살아가는 것, 존재하는 것, 자기 자신과 타인 그리고 신을 아는 것, 타인과 신 그리고 자기 스스로와 관계 맺는 것에 접근하는 다양한 방법이 있음을 깨닫게 해준다. 이러한 각각의 세계관에는 그 사유의 범위를 벗어나서는 의미가 모호해지는 특정한 언어가 있다. 각각의 관점들은 본질적으로 너무 달라서 예술과 도덕, 믿음과 과학, 정치와 도덕 사이의 갈등이 발생한다. 이러한 "방식들"은 실제로는 자신의 한계를 넘어서고자 하며 다른 언어의 영역과 권한을 잠식하려는 제국주의적 경향을 띤 강력한 구조라고 말할 수 있다.[111]

　이러한 방식들은 각각 독특하다. 도덕은 시와는 다른 것이며, 종교는 과학과 구분되는 어떤 것이다. 도덕으로 예술을 이해하는 것은 가능하지 않다. 만일 그렇게 한다면 자신이 이해하려 하는 것의 본질을 훼손하게 될 것이다. 수학은 진리의 한 기준을 형성하고, 경험 과학은 또 다른 기준을 형성한다. 각각의 언어에는 각각의 목적과 특정한 소통 방법 그리고 특정한 전제와 그 언

111　W. F. Zuurdeeg, *An Analytical Philosophy of Religion*, pp. 69 ff 참조.

어가 작동하는 공동체가 있다.[112] 웹스터 언어는 경계에 구애받지 않고 다양한 사유 영역에 대하여 말하고자 시도하는 한편 이러한 언어의 다양성에는 침묵한다.

웹스터 언어에 상응하는 세계관이 웹스터주의이고 우리가 생명에 접근하는 다양한 방식을 동일하게 경시하는 것이 웹스터주의의 핵심이다. 웹스터주의는 자신을 가장 중요한 것으로 여기면서 그 방식들 중 몇 가지만을 인정한다. 궁극적으로 웹스터주의에는 오직 하나의 방식, 하나의 기준, 동질적 기준 집단만이 있다. 그 세계관의 일반성과 불분명성 때문에 웹스터주의를 분명히 이해하기는 어렵다. 그러나 이 불분명성이 웹스터주의의 힘이나 중요성을 감소시키지는 않는다. 아래의 논평들은 잠정적인 것이다.

웹스터주의의 첫 번째 주요한 특징은 진리를 향한 태도이다. 전체적으로 보았을 때 이것은 진리의 과학적 기준을 담론의 다른 영역으로 변환시키는 것을 포함한다. 예를 들어, 웹스터주의는 경험적으로 증명될 수 있는 것을 "참된 진리"로 본다. 따라서 신화는 유쾌하고 시적인 것이지만 그것은 참된 진리가 아니다. 두려움이나 오래된 전통들이 그러하듯 상상과 같은 기능들

---

112   *Ibid., passim.*

이 작동할 때 신화는 예술이나 습관과 관련된 것이지 진리와 관련된 것은 아니다. 과학에서 다른 영역으로 변환되는 진리에 대한 또 다른 영향력 있는 기준은 진리의 보편성에 대한 것이다. 오직 모든 이와 소통할 수 있는 것, 즉 공공적인 것만이 참된 진리이다. 교구 학교가 아니라 일반 공공 대학에서 가르칠 수 있는 것, 공공 과학, 공공 철학이 진리의 영광스러운 이름을 가질 수 있다. 오직 작은 집단이나 특정한 사람들 내에서만 통용되는 사상과 관념, 즉 종파적 교리는 바로 이러한 이유에서 이미 수상쩍다. 진리의 보편성에 대한 이러한 주장은 매우 다양한 방식으로 정교하게 다듬어져왔다. 어떤 서구인들에게 종교는 그 정의에서부터 종파적이기에 참된 진리가 아니라는 것은 성급한 결론이었다. 다른 서구인들에게 무신론자는 아웃사이더, 즉 규범에서 벗어난 이들이라는 것이 성급한 결론인데, 그들에게 중요한 것은 오로지 종교가 있다는 것뿐이기 때문이다. 로마 가톨릭이든 유대교이든 개신교이든 다양성은 중요하지 않다. 왜냐하면 그들은 모두 동일한 아버지를 찬미하기 때문이다. 하나님의 부성에 대한 이러한 보편적 믿음과 인간의 형제애는 미국의 공적 삶과 공적 도덕성의 주춧돌이 된 공적 믿음이다. 이것은 보편적 믿음이다. 우리 문화에서 무신론자는 보편성에서 벗어나 있다는 이유로 진리에서 벗어난 이들이 된다. 따라서 비록 진리를 향한 기준이 경험적 검증과 보편성의 과학적 기준에서 온다 할지라도 웹스터인이 이 기준을 채용하는 것은 굉장히 신념적인 것이다.

이제 웹스터주의의 "모호함"에 대하여 말하려 한다. 이 모호함을 웹스터주의가 철학적 논의의 위엄보다 못한 것으로 여겨지게 하는 결핍과 같은 것으로 생각해서는 안 된다. 이 모호함은 긍정적이고 중요한 현상이다. 우리는 웹스터주의에서 매우 보편화된 형식에 싸여 있는 오래된 인식론적 믿음을 발견할 수 있다. 웹스터주의의 핵심은 매우 오래된 기원을 가지고 있고 다양한 방식으로 전승되어온 진리와 인간, 실재와 종교의 본질에 대한 신념들로 구성되어 있다. 이 신념들은 고대 그리스에 기원을 둔 신념들로, 르네상스의 기본 이념이 되고, 프랑스 대혁명과 미국 독립 혁명의 "혁명적" 슬로건이 되었으며, 계몽주의의 숭고한 이상이 되어 오늘날 우리에게까지 전해지는 신념이다. 이 신념들은 생명에 대한 더욱 오래된 관점, 전설과 담시 등의 다양한 매체를 통해 우리에게 전해지는 고대 원시 종교, 단테가 본 환영, 시와 민요에서 유래한다. 웹스터주의의 "모호함"은 신념들의 아주 오래된 기원뿐만 아니라, 그 신념들이 플라톤과 같은 지적인 인간이 아니라 "평범한 사람"인 웹스터인에 의해 받아들여진다는 사실에 그 기반을 두고 있다. 이 신념들은 위대하고 도전적인 철학자들의 주된 관심사로서 명시적으로 받아들여지는 것이 아니라 인간과 그 누구도 알지 못하는 생명에 대한 기본 신념으로서 암묵적으로 받아들여진다.

일상어의 뿌리는 이 모호함의 또 다른 측면을 보여준다. 맨들러와 케센은 일상어와 과학 언어 사이의 관계를 나이브한 일반성의 영역에서 세밀하고 책임성 있는 영역으로 옮겨가는 운동으로 보았다. 이를 다르게 보는 것은 불가능한 것일까? 두 영역이 아니라 최소한 세 영역이 있는 것은 아닐까? 20세기 일상어(혹은 웹스터주의)의 영역은 오래전에 나타난 언어에 의해 생명력을 얻었고 여전히 그로부터 지원을 받고 있다. 이 일상어는 나이브할 수는 있지만 결코 일반적이지도 단순하지도 않다. 이 일상어가 일반적이지 않은 이유는 그것이 여러 다른 기원을 가지고 있기 때문이다. 또 그것이 단순하지 않은 이유는 그리스어, 히브리어 그리고 원시적 신념과 언어 들과 함께 성장한 결과이기 때문이다. 언어의 움직임은 일상어에서 과학 언어로뿐만이 아니라 오래된 신념들에서 일상어로, 종국에는 과학으로의 운동이다. 과학 언어로 정제되었지만 여전히 그 영역을 넘어서까지 기능하는 이러한 오래된 신념의 복합체는 일상어의 모호함에 기여한다.

이 모호함의 세 번째 측면은 하나의 언어에서부터 비롯된 특정 기준을 다른 분야에까지 적용하는 데서 찾아볼 수 있다. 경험적 검증에 대한 요구는 자연 과학의 제한된 분야에서조차도 골치 아프게 복잡하다. 만일 이 기준이 그 범위가 모호한 도덕, 종교, 세계관에까지 무제한적으로 도입된다면 이 요구는 얼마나 더 복잡해지고 모호해질 것인가!

웹스터 언어의 모호함으로 인하여 웹스터주의의 핵심에 자리 잡고 있는 모든 기본 신념들을 찾아내는 것은 사실상 불가능하다. 미신에 대한 논의에서 찾아낸 예로도 충분할 것이다. 앞서 보았듯이, 크리스텐센 같은 사람은 고대의 미신을 믿는 이들에게 그것이 의미하는 것으로 "미신"을 정의한다. 이러한 의미에서 미신은 일반 세계에서 다른 신적인 세계로, 그 세계가 그것을 믿는 이에게 무엇이든 간에 관계없이, 나아가는 것을 의미한다. 크리스텐센은 이 특정한 믿음을 가지고 있는 이의 다른 세계를 믿을 수 있거나 믿어야 하는가 하는 질문은 전혀 제기하지 않는다. 한편으로 이 질문은 이 맥락에서는 무의미하다. 학자들의 임무는 믿음을 가진 이들이 의미하는 바를 객관적으로 이해하는 것이다. 다른 한편, 웹스터인은 미신을 일반인의 퇴보, 즉 참된 담론인 공적 세계에서 세속적 사유와 말하기의 더 낮은 세계로의 퇴보로 본다. 웹스터인은 이러한 언어에서 언급되는 실재들은 실제로 존재하지 않는 "상상이 만들어낸 허구"라고 받아들인다. 웹스터인의 본질적 질문은 그 믿음을 가진 이가 무엇을 의미하는가가 아니라 그 사람이 옳은가이다. 웹스터인은 특정한 하나의 신념이 아니라 보편적인 진리라고 믿는 자신의 특정한 신념에 기초하여 다른 이의 믿음을 판단하고 비난한다. 크리스텐센은 학술적인 과학적 이해의 언어를 말하고 웹스터인은 최신 서구 문명의 특정한 신념어를 말한다. 웹스터인은 자신의 신념을 특정한 것이 아니라 보편적인 것으로 여긴다.

아마도 웹스터주의의 가장 중요한 측면은 그 믿음을 가지고 있는 이들이 자신들이 그 믿음을 따르고 있다는 사실을 모른다는 점일 것이다. 따라서 그들은 그 믿음의 교리를 자명한 것으로 받아들이고 다른 신념들을 이상하고 퇴행적이며 미신적이고 악마적이거나 부자연스러운 것으로 생각한다. 기독교인은 자신을 기독교인이라고 생각하고, 이슬람교인이나 공산주의자는 자신이 다른 이들에게 크게 도전받는 매우 특정한 신념을 가지고 있음을 알고 있는 반면 웹스터인은 자신의 신념이 특정한 것이라는 것을 알지 못하고 자신의 신념이 실제로는 '신념'이라는 것조차 알려하지 않는다. 누군가 웹스터인의 신념에 도전한다면, 웹스터인은 자신의 신념은 인간 이성의 구조 속에서 타고난 합리적 통찰이라고 변증할 것이다. 따라서 그들의 믿음은 의심의 여지가 없는 "보편성"을 가진다. 그는 의식적으로 그 믿음에 보편성이라는 라벨을 붙인 것이 아니라 자신의 문화로부터 배운 언어 속에서 신념의 세계관을 획득한 것이다.

웹스터인이 당연하게 여기는 서구의 신념들의 예를 몇 가지 들어보겠다. 대부분 서구인은 최소한 진보에 도전하는 것은 어리석은 것이라는 신념을 포기했을지라도 여전히 진보를 믿는다. 다시 말해, 사회적·경제적 삶 속에서 삶은 근본적으로 이성적이고 질서 있고 선한 것이라는 신념은 분명히 완고한 자본주의자 그리고 유토피아적 사회주의자 모두에게 다른 형식으로 받아들여진 믿음이다. 혹은 우주적, 역사적 틀에서 나타난 모든 인간의 삶에서 삶은 도덕적이고 합리적인 거대한 세계 질서의 중요한 부분이라고 웹스터인은 받아들인다. 우리는 도덕적인 관점에서 우리 자신과 다른 이들을 설명해야만 한다는 생각이 깊숙이 박혀 있다. 우리는 다른 이들, 정치적 동지와 적, 아이들, 동료, 공인 등을 "좋다" 혹은 "나쁘다"고 하며, (고대와 원시 종교들 그리고 성서적 기독교에서 발견할 수 있을) 자기 이해의 다른 가능성을 알지 못한다. 신념적 세계관은 웹스터인으로서의 서구인 속에 깊이 뿌리내렸다.

웹스터인을 지배하고 있는 이 신념적 세계관의 거대한 힘은 웹스터인이 웹스터인이라는 것을 모른다는 데 있다. 우리가 가지고 있는 믿음을 우리가 깨닫게 된다면 그것을 포기하고 절충하고 속이고 지배하는 것이 가능해진다. 그러나 웹스터주의는 우리의 두 번째 본성이 되어버렸다. 우리는 웹스터인이다. 우리의 신념과 우리 자신 사이에는 거의 간극이 없다. "이것이 우리의 피가 되어버렸어"라고 말하는 것으로는 충분치 않다. 애초에 우리의 피가 그것 없이 존재했던 적이 없기 때문이다. '우리는 우리의 신념이다'라는 것은 다른 어떤 신념에서보다도 웹스터주의에서 더 참이 된다. 이것은 우리의 판단을 안내할 뿐만 아니라 우리가 사실을 평가하기도 전에 사실에 대한 우리의 해석을 변화시키기도 한다. 이러한 큰 힘을 가지고 있고, 그 신념을 가지고 있는 이들에게 자명한 신념적 세계관이 또 하나 있다. 그것은 원시 종교라는 세계관이다. 여기에는 의심이나 선택의 여지가 없다. 원시 종교는 원시인의 언어를 통하여 원시인에게 스며든 유일한 방법이기 때문이다. 자신의 믿음이 특정한 것임을 알고 다른 특정한 믿음들을 인지할 수 있다면, 인간은 의심할 수 있고 선택할 수 있다. 그 사람은 자신이 믿는 것을 선택할 수 있을 것이다. 그러나 그 믿음이 자명한 진리라고 믿는 이에게 의심이나 선택의 여지란 없다.

20세기 인간이 느끼는 깊은 불안의 원인 중 하나는 우리의 웹스터주의가 새로운 믿음에 도전받고 있고 히틀러주의와 같은 엄청난 사건들에 우리가 큰 충격을 받고 있다는 사실에 있다. 처음으로 우리는, 적어도 몇 가지 경우에 있어서는, 우리 자신의 웹스터주의를 깨닫게 되었다. 또한 한때 강력한 믿음이었던 그것이 지금은 쇠하고 있음을 안다. 그리고 우리는 남겨진 공허함을 인식하고 있다. 우리가 웹스터인일지라도 우리는 이 같은 존재의 방식에 균열이 생겼음을 알고 있으며, 그러한 깨달음은 우리를 불안하게 만든다.

이 장에서는 우리 시대의 불편한 침묵의 이유를 설명하려 하였다. 이 침묵은 메이, 맨들러와 케센으로 대표되는 심리학의 영역에서 던져졌어야 했던 질문의 부재에 기인한다. 그들은 우리 시대를 대표하는데, 다음과 같은 질문들을 던지지 않았기 때문이다. 왜 상대주의는 그렇게 나쁜가? 심리학 영역에서의 격렬한 부정과 비난 뒤에는 무엇이 있는가? 존재론자들이 두려워하는 것은 무엇인가? 상대주의인가? 상대주의에 끌리는 듯한 그들 자신 속의 무엇인가? 이러한 생략된 질문은 키르케고르, 프로이트, 니체로부터 불편한 침묵에 대하여 배운 모든 이들에게는 자명한 것이다. 그러나 우리의 기대를 받았던 그들은 침묵을 지킨다.

왜 그들은 이러한 질문들을 제기하지 않았는가에 대하여 우리가 찾은 해답은 그 질문들이 웹스터주의의 특정한 형태에 들어맞지 않았기 때문이라는 것이다. 우리 중에 웹스터인이 아닌 자가 있다고 주장하는 것이 아니다. 우리 모두는 이러한 존재 방식에 속해 있다. 그러나 우리는 웹스터주의에 대한 웹스터인의 세 가지 태도를 구분할 수 있다. (1) 자신의 웹스터주의를 완전히 당연하게 받아들이는 태도 (2) 과학이나 신학 혹은 철학에서 웹스터주의에 대항하는 태도(하지만 우리는 아무리 격렬하게 저항해도 웹스터주의의 영역으로부터 완전히 떠날 수는 없다는 사실을 알아야 한다. 격렬한 저항과 이 문제에 대한 완전한 이해의 결여가 더해진 것에 이 두 번째 태도가 있다.) (3) 사상가로서 문제의 복잡성을 대하는 태도이다. 키르케고르와 니체가 여기에 속한다. 이 책의 독자와 저자, 기독교인과 무신론자, 유럽인과 미국인, 박사와 배관공 등 우리 모두는 이런저런 웹스터주의를 말하고 있다는 것을 강조하고 싶다. 웹스터주의를 부분적으로 다루고 있는 이 책의 철학적 논의는 웹스터주의로 쓰여 있다. 칼 바르트의 신학은 웹스터주의로 쓰였다. 그러나 우리 중 일부는 이런저런 방법으로 웹스터주의를 넘어서려 한다.

인간과 세계에 대한 사상을 공식화하는 데 있어서 언제나 현재의 상황과 우리 자신에서부터 출발해야 한다면, 우리는 웹스터주의에서 출발해야만 할 것이다. 만일 우리가 웹스터주의란 무엇인지 명확히 알기 위해 분투하지 않는다면 과학, 철학, 신학에서의 많은 작업들이 무의미해질 것이다. 실제로 맨틀러와 케센의 작업이 웹스터주의인 "일상어"의 복잡성을 완전히 과소평가할 때도 과연 긍정적 결과를 도출할 수 있는지 의문을 제기할 수 있다. 메이의 존재론적 심리학에서의 혼란에 대한 그들의 저항은 일리가 있으나 우리가 일상어를 정제하고 정정함으로써 이 혼란을 피할 수 있다고 믿는 것은 설득력이 없다. 우리가 없애버리고 싶어 하는 혼란의 핵심은 감춰진 신념들과 일상어의 전제들 속에 있다.

메이는 우리의 상황에서 독특한 문제를 제기한다. 그는 웹스터주의에 집착하는 웹스터인이지만, 한편 그는 웹스터인들의 신념적 세계관의 특정 측면에 대해서는 비판적이다. 그는 오래된 신념, 즉 고전적 존재론뿐 아니라 인간의 있음is-ness에 대한 새로운 관심으로부터 이 비판을 수행할 힘을 받아왔다. 그는 현대 신학자 칼 바르트와 유사한 면이 있다. 웹스터주의에 대한 비판, 오래된 신념적 세계관(여기서는 성서)에서 그 힘을 받으려는 시도, 인간의 인간됨에 대한 새로운 관심이 유사하다는 것이다.

그러나 맨들러와 케센뿐 아니라 메이 역시 "신뢰할 수 있는 것reliable"에 의지하고 있다. 메이에게 그것은 존재 그 자체Being, 즉 존재론적 집이다. 맨들러와 케센에게 그것은 과학 언어이다. 메이는 유물론, 상대주의, 회의주의, 실증주의, 소피스트에 강하게 반발하는 서구 문명의 오래된 전통에 속해 있다. 맨들러와 케센은 상대주의, 회의주의, 반존재론이라고 비난받아온 경험주의와 실증주의 전통에 속해 있다. 그러나 이 둘 모두에게서 위기에 처해 있는 것은 서구 문명과 그 문명의 신뢰할 만한 기초이다. 양자 모두 웹스터 언어와 그에 상응하는 신학을 통하여 이 위기에 직면한다. 따라서 양자가 우리 문명의 기초를 형성한 이러한 믿음들에 대하여 존경을 표하지 않는 명백하지만 고약한 질문들에 대해 "불편한 침묵"을 지킨다는 것은 전혀 이상한 일이 아니다.

5장

우리의 시대

A. 상충하는 포고들

우리가 서구 문명의 특정한 시대를 살고 있다는 것은 모두들 알고 있다. 1차 세계 대전과 함께 시작된 "우리 시대"는 일반적으로 공산주의, 나치즘, 파시즘의 발흥과 식민주의의 폐기, 양차 세계 대전의 참혹상, 핵무기의 위협, 그리고 인구 과잉의 공포로 특징지어질 수 있다. 이 책에서 우리 시대에 대해 말할 때 나는 지난 40년뿐만이 아니라 지난 2세기를 염두에 둔 것이다. 그리고 혁명, 전쟁과 같은 명백한 역사적 사건보다는 웹스터주의의 본질에 초점을 맞추고 있다. 굳은 믿음이나 믿음에 대한 저항이 아니라 내가 웹스터주의라고 부르는 강력한 신념적 세계관으로 서구인들이 이 시대를 살아가고 있다는 사실은 미국 독립 혁명이나 공산주의의 힘만큼이나 우리 시대를 대변하는 특징이라고 생각한다. 웹스터주의를 분명히 다루지 않고는 미국 독립 혁명이나 공산주의와 같은 현상을 이해할 수 없다.

이 장에서 나는 우리 시대가 1차 세계 대전 후 터져 나오고 있는 갈등의 격동 속에 있다는 것을 보여주기 위하여 계속해서 웹스터주의를 다룰 것이다.

우리 시대의 첫 번째 포고는 매우 오래된 것이다.

인간에게는 철학이라 불리는 진리, 선, 아름다움, 존재 자체로 가는 고귀한 길이 있다.

플라톤과 아리스토텔레스는 이것을 고대 그리스에서 선포하였고[113] 이것은 서구 문명의 기원 이래 그 기초가 되어왔다. 두 번째 포고는 이러하다.

인간에게는 철학이라 불리는 고귀한 길 따위는 없다. 그러나
…

---

113   25~69쪽 참고.

이것은 완전히 새로운 것은 아니다. 이것은 흄과 19세기 실증주의자들이 제기한 것이다.[114] 그러나 이것이 매우 절박한 방식으로 제기되어 서구 문명의 주요한 요소로 자리 잡게 된 것은 1920년대 이후이다. 대개 사람들은 실증주의는 1차 세계 대전 이전에 죽었으나 1차 세계 대전 이후 새로운 모습으로 나타나 서구의 주류 철학 학파 중 하나가 되었음을 의심의 여지없이 인정한다. 같은 시기에 실존주의와 바르트주의 그리고 그와 관련된 신학 사조가 나타났다.

두 번째 포고는 특별한 관점을 제시한다. 이것은 반反포고, 즉 첫 번째 포고에 대한 부정이다. 또한 이 포고는 끝난 것이 아니다. 아직 반쪽짜리 포고일 뿐이다. 미완된 포고라는 두 번째 포고의 특징은 더 큰 맥락에서 완성된다. 바르트 신학과 실증주의 철학을 그 예로 들 수 있다. 양자 모두 첫 번째 주장보다 훨씬 더 폭넓은 포고를 하고 있는데, 첫 번째 주장에서는 그 둘이 일치한다 하더라도 두 번째, 더 큰 주장에서는 확연히 다르다. 하지만 어떻게 바르트와 같은 열정적 개신교도와 에이어와 같은 완고한 세속주의자를 함께 묶을 수 있을까?

서로 다른 집단을 대표하는 이 두 인물이 첫 번째 포고를 거부

114　83~104쪽 참고.

하는 데 뜻을 같이한다는 사실은 대단히 주목할 만하며 더 깊이 들여다볼 필요가 있다. 서로 연관되지 않은 이 두 인물이 동시에 첫 번째 포고를 부정하기 시작했다는 사실의 중요성은 무엇일까? 첫 번째 포고에 대한 저항이 우리 시대에서는 전형적이라는 조짐으로 볼 수 있을까? 바르트의 부정과 에이어의 부정에 보기보다 공통점이 더 많을 수도 있다는 가능성을 더 깊이 생각해봐야 하지 않을까?

바르트는 〈철학과 신학Philosophie und Theologie〉[115]에서 철학과 신학의 관계를 논의하는 형식으로 첫 번째 포고에 대한 반대 주장을 한다. 바르트는 철학의 기획 전체에 타당성이 없다고 주장한다. 왜냐하면 철학은 그 정의상 진리를 향한 인간의 길을 포고하기 때문이다. 바르트는, 특히 기독교인에게는, 오직 하나의 방법밖에 없는데 그것은 인간을 향한 하나님의 길이라고 선언한다. 물론 철학도 신학도 일방향일 수는 없다. 철학과 신학 모두 양방향에 대하여 말하는데, 하나는 신 혹은 진리로부터 인간으로 이르는 낮춤의 방향이고, 다른 하나는 인간으로부터 신 혹은 진리로 이르는 오름의 방향이다. 결정적 차이는 기독교인은 낮

---

115 Karl Barth, "Philosophie und Theologie," in *Philosophie und christliche Existenz*, Festschrift für Heinrich Barth, ed. Gerhard Huber (Basel: Helbing und Lichtenhahnm 1960).

춤이 먼저 있어야만 한다고 주장하는 반면 철학자는 여기에 동의하지 않는다는 것이다. 그러나 바르트가 양자의 갈등을 단순한 순서의 차이로 보아 그 차이를 조화시키려 한다고 생각해서는 안 된다. 반대로 그는 진리에 이르는 철학적 방법이 악마적인 것이라고 주장한다. 기독교인은 그 길을 걷지 않는다. 왜냐하면 그것은 하나님을 모욕하는 것이기 때문이다. 바르트에게는 낮춤이 먼저 있어야만 하는 것인데, 그 낮춤은 하나님이 예수 그리스도 안에서 우리에게 오는 것이다. 진리, 오직 하나의 진리는 바로 예수 그리스도인데, 그는 진리인 자신에게로 이르는 신학적 방법을 규정하고 철학적 방법은 금한다. 바르트의 두 번째 반대 주장은 다음과 같다. 그리스도의 탄생 이래 인간에게는 진리에 이르는 고귀한 방법이란 없는데, 그러한 시도는 무신론적인 것이기 때문이다. 올라가는 방법이 분명히 있으나 먼저 낮춤이 있은 후에야 그 낮춤으로 인하여 있을 수 있다.

바르트는 여러 방법으로 이를 증명한다. 그에게 "철학-신학"의 대비는 추상적인 것이다. 실제로는 서로 다른 관심을 가지고 있는 철학자와 신학자 두 인간의 대립이다. 그들의 대립은 그 둘을 모두 아우르는 공동체 안에서 나타나는데, 그들이 동일한 문제에 대한 관심을 공유하기 때문이다. 아니, 그들 모두 총체적 진리에 직면한 피조물이다. 그러므로 그들은 진리에의 직면 속에서 동료이자 동지이다. 이것은 철학자와 신학자 사이의 관계가 "오류 속의 인간"과 "진리 속의 인간"의 관계가 아니라는 말이다. 하나의 진리는 그 둘보다 높이 있으며 그 누구도 독점할 수 있는 것이 아니다.[116]

바르트는 기독교 신학과 서양 철학의 다양한 형태들이 함께 짝을 이루어왔다는 점을 지적하며 자신의 중심 사상(모든 문제가 올바른 순서—낮춤이 먼저이고 다음이 오름—의 문제라는 것)을 피력한다. 신학에 창조자와 피조물이 있다면, 철학에는 이데아와 그것의 현현, 제1원인causa prima과 제2원인causae secundae, 물자체Ding an sich와 현상, 로고스와 이성, 절대 정신과 그것의 현현, 초월과 실존, 그리고 존재Sein와 존재자Dasein가 있다.[117] 바르트는 철학자들과 신학자들이 서로 짝을 이루는 개념으로 동일한 것을 가리킨다는 것에 의구심을 품지만 질문을 계속하지는 않는다. 그에게 정말 중요한 것은 올바른 순서의 문제다.[118]

바르트는 "우리 시대"를 그리스도의 탄생과 함께 시작된 서사시로 이해한다. 포고들의 충돌이 바르트의 신학으로 20세기에 들어서 명백해졌을지 모르지만, 그것은 그리스도의 탄생 이후

---

116 *Ibid.*, pp. 93, 94.
117 *Ibid.*, p. 96.
118 *Ibid.*, p. 97.

계속 표면화된 것이다. 그리스도는 하나님으로부터 인간에 이르는 통로이기 때문이다. 바르트는 20세기에 나타난 포고들 사이의 충돌이 학문 분야의 문제가 아니라 사람의 문제라고 보았다. 사실 바르트는 그러한 충돌이 인간이 하나님을 조우한 것의 직접적 결과라고 보았다. 인간은 고귀한 길이 위험한 망상이라고 단언하지 않는다. 한 학문은 다른 학문을 비난하지 않는다. 오히려 유일한 참된 길을 드러내주는 것은 하나님이고 인간이 만든 길, 인간 중심의 길을 따르는 것은 하나님의 선함을 무시하는 것이다. 오름의 방법을 고집하는 철학자는 서양 문명, 불순종하고 죄 많은 인간 자체의 전형이다.

참된 논리실증주의자라면 두 번째 포고와 같은 주장을 단언하지 않을 것이다. 두 번째 포고를 따르고 있는 것은 실증주의의 오래된 형태일 뿐이다. 신실증주의에서는 첫 번째 포고와 두 번째 포고 모두 과학 철학의 언어에서 받아들여지지 않는 형이상학적 본질을 주장하고 있는 것이다. 실증주의에 대한 논의에서 나는 왜 실증주의가 명시적으로 거부한 명제를 이 학파로 귀결시키는지 분명히 설명해야만 한다.

에이어의 주장의 맥락은[119] 두 가지 인식에 따른 것이다. 전통적 철학은 성과가 없다. 그리고 과학은 그 영역을 여전히 넓혀

가고 있다. 실제로 과학은 "우리 시대"의 많은 사상을 지배해왔다. 에이어는 철학이 답할 만한 질문이 남아 있는지 묻는다. 이 논의에서 에이어는 철학이 더 이상 수행할 수 없는 기능을 굉장히 강조한다. 흄이 어떤 사건도 본질적으로 다른 사건을 지시하지 않는다고 한 뒤 철학은 제1원리와 그 결과들인 실재의 완성된 그림을 제시할 수 없게 되었다. 철학은 사변적 지식을 제시할 수 없는데 그 이유는 경험의 모든 분야가 과학 법칙 아래로 들어올 수 있기 때문이다. 철학은 상식적 믿음, 인지적 판단, 귀납법, 과학의 진보와 같은 어떠한 것도 변증하지 않는다. 오직 가능한 한 가지는 경험적 검증에 대한 변증이다. 철학은 경험적 믿음의 타당성을 판단할 수 없다.[120] 또한 철학은 더 이상 윤리적 결정을 할 수도 없고 도덕적 체계를 구성할 수도 없다.[121]

철학의 임무를 이렇게 축소한 뒤 남아 있는 것은 거의 없어 보인다. 에이어는 자신의 모든 접근법이 철학은 지식의 특별한 한 분야라는 성찰에 근거해 있음을 상기시켜준다. 철학은 과학이 아니라 언어의 분석이다. 언어 분석으로서의 철학의 임무는 "지

---

119 몇몇 유고에서 쥐르데이흐는 이 부분에서 에이어를 리처드 폰 미제스Richard von Mises로 대체하고 싶어 했다. 하지만 그는 이것을 어떻게 하려는지 드러내지 않았고, 따라서 우리는 원래대로 에이어를 남겨두기로 했다—편집자(E. C. Swenson).

120 A. J. Ayer, *Language, Truth and Logic*, pp. 46~55.

121 *Ibid.*, pp. 103, 112.

식을 정의하고 명제들을 분류하며 사물의 본질을 감각적 용어로 나타내는 것이다."[122]

전술한 내용이 암시하는 바는 논리실증주의에서 철학은 구원 자로서의 역할을 포기했다는 것이다. 우리는 에이어의 질문이 갖는 힘을 인지할 수 있어야 한다. "과학은 철학에게 어떠한 것이라도 다루도록 남겨두었는가?" 전통적 철학에서는 이러한 질문을 하는 것이 철학의 왕위에 대한 모독으로 여겨졌다. 왜냐하면 철학은 유한한 실재에서 무한으로 가는 길을 제시할 뿐만 아니라 철학 자체가 그러한 길이었기 때문이다. 이러한 관점에서 철학은 "나는 길이요 생명이요 진리이다"라고 말할 수 있었다. 이 우둔한 명제에 논리실증주의가 동의하는지 그렇지 않은지는 이제 답이 나온다. 논리실증주의의 출판물 어디에서도 반대 주장은 나타나지 않지만 간접적인 형태로는 반복적으로 나타난다. "철학은 (에이어의 규정을 따른다면) 초경험적 진리에 이르는 왕도가 아니다. 철학은 언어 분석으로 제한된다."

앞서 제시된 철학의 모든 부정적 면들은 에이어의 사상에서 반대 주장의 탁월함을 확증하는 데 일조한다. 전통적 철학자들에게 실재를 나타낼 수 없는 모든 철학은 짠맛을 잃고 버려진 소

122   *Ibid.*, pp. 51~53.

금과 같다. 만일 철학이 사변적 지식을 제시할 능력, 믿음의 타당성을 판단하고 윤리적 결정을 내릴 힘을 놓쳐버린다면, 철학은 자신의 모든 특권을 상실하게 된다. 철학은 더 이상 왕이 아니다. 고대 원시 종교에서 왕은 지상에서 신적 힘을 대표하고, 실재 자체와 지상의 실재를 묶는 구원의 보증인이자 지상의 공동체가 우주적 공동체에 참여할 수 있도록 보증하는 이였다. 전통적 철학에서 철인왕哲人王은 지상의 생명과 사상이 영원하고 불변하는 우주적 진리에 참여할 수 있도록 보증하는 이다. 이 모든 것은 에이어가 자신이 넘어뜨린 그 건축물을 언급했건 안 했건 간에 에이어의 입김 앞에서 추락한다.

"건축물"이라는 단어는 우연히 사용된 것이 아니다. 여기서 문제가 되는 것을 철학의 정의와 기능에 대한 좁고 넓은 개념, 현대 경험 과학의 주장, 사변 지식의 권위나 윤리적 판단의 본질 등으로 보는 것은 오해의 소지가 있다. 물론 이 모든 것이 관계돼 있다. 그러나 실제로 중요한 것은 건축물, 세계 전체의 붕괴이다.

에이어가 거부하는 철학의 일반적 특징 중 마지막은 상식적 믿음과 인지 그리고 과학적 방법을 정당화하는 능력이다. 물론 이 모든 것은 강력한 구조를 요구한다. 이 구조는 지식의 주체인 인간과 그가 아는 것들 사이의 관계—믿음과 인지 같은 단순한 관계, 그리고 과학에서와 같이 복잡한 관계들을 포함하여—를 철학이 판단하고 나아가 그 관계와 과정을 정당화하는 것이 가능한 우주를 환기시킨다. 여기서 에이어가 말하는 것은 그는 이러한 우주를 알지 못한다는 것이다.

여기서 위 주제들이 정리되는 순서는 중요하다. 에이어는 철학의 기능이 무엇인가라는 주제가 가장 중요하다고 제안하며 그의 반대자들도 이 부분에서는 그에게 동의한다. 에이어는 철학의 기능에 대한 자신의 정의를 "상정한다." 그것이 그의 출발점이다. 따라서 다른 개념에서 출발한 이들과 다르다. 예를 들어 비경험적 사변 철학의 최고 지위 혹은 그것의 타당성을 상정하고 그것을 출발점으로 삼은 경우들도 있다. 그러나 가장 중요한 것이 아직 고려되지 않았다. 가장 결정적인 것은 거대한 구조, 즉 위에서 설명한 우주, 전통적 철학의 우주에 대한 믿음을 가지고 있는가이다. 에이어는 그것을 믿지 않았고 그의 반대자들은 믿었다. 철학의 본질 그리고 존재자로부터 실재 자체로 나아가는 길에 대한 확신은 오직 거대한 구조에 대한 믿음 혹은 불신이라는 맥락 속에서 그것들을 볼 때에만 타당해진다. 어쩌면 여기서 중요한 것은 거대한 구조와 그 구조에서 자신의 자리를 발견하고 그것을 믿는 합리적 인간, 그리고 인간의 믿음을 정당화하는 힘을 가진 신적 활동으로서의 철학이 구성한 총체성이라고 말하는 편이 나을 것이다. 누구도 이 중 하나만 취할 수는 없다. 구조, 특정한 인간 그리고 철학의 특정 분야는 서로 얽혀 있다.

"우리 시대"는 1차 세계 대전 이후 철학과 신학의 발전과 함께 시작되었다고 할 수 있다. 다른 한편으로 "우리 시대"는 칸트와 흄의 시대에 시작되었다고 할 수도 있다. 바르트와 에이어로부터 칸트와 흄에 이르기까지의 철학 주제를 추적하는 대신 바르트와 에이어가 제기한 거대한 구조의 붕괴가 흄과 칸트의 저작 속에 나타나는지 살펴보도록 하겠다.

흄과 칸트가 살았던 시대는 어떠하였는가? 그들의 저작 속의 대변화의 징후는 훗날 니체의 "신은 죽었다"라는 울부짖음에서 더욱 강렬하게 나타난다. 시장에 있는 사람들에 대한 광인의 비난은 흄과 칸트에게도 적용되는가? 그들은 도덕적이고 합리적인 세계 질서를 보호하고 변증하는 전통적 신을 살해한 자들인가? 어떤 이는 그들이 그러한 죄목을 받을 만하다고 주장할지도 모른다. 만일 흄이 이성을 "정신의 기능" 그리고 그보다 쉽게 오용될 수 있는 것으로 제한하였다면, 그는 우주적 이성, 신성, 선 그리고 조화로운 이성 위에 건설된 고전적 구조를 파괴한 것이다. 그러나 나는 흄과 칸트가 우주적 질서를 파괴하고 신을 죽인 것이 아니라 질서의 죽음, 즉 신의 죽음을 증언하였다고 말하고 싶다. 칸트와 흄은 오래된 전통적 질서가 현대 서구인들에게서 그 힘을 상실해왔다는 것을 처음으로 인지한 이들이다. 흄과 칸트가 증언한 것을 얼마나 소수의 사람들만이 보았는지 알아둘 필요가 있다. 심지어 19세기에서도 키르케고르나 니체와 같은 소수만이 그들의 인식을 공유하였다.

위의 관점을 뒷받침하기 위해 지고한 존재가 존재한다는 것에 대한 세 가지 논증을 다루고 있는 칸트의 "순수 이성의 이념" 장을 잠시 살펴볼 필요가 있다.[123] 여기서 칸트가 반대하고 있는 것은 세 가지 논증만이 아니라 인간과 생명 그리고 신에 대한 관점이기도 하다. 이러한 주제들에 대한 칸트의 입장은 그의 비판의 혁명적 힘을 과소평가하고 오해하게 만들 수도 있을 것이다. 칸트가 순수 이성의 이념들이 객관적인 것이 아니라 주관적인 준칙들이라고 말할 때 우리는 이를 기술적인 것으로 받아들이는 경향이 있다. 예를 들어 여기서 칸트의 논증 방식이 반복적이고, 항상 분명한 것은 아니며, 심지어 자기 모순적이기까지 하다고 생각할지 모른다. 이것이 진짜 주제로부터 우리의 관심을 벗어나게끔 한다. 칸트는 그저 저택, 즉 우주적 이성의 숭고한 집으로부터 걸어 나왔을 뿐이다. 보통 한 공간에서 걸어 나온 사람은

---

123 Immanuel Kant, *Critique of Pure Reason*, tran. by F. Maz Müller (Garden City, N. Y.: Doubleday and Co., 1961).

다른 공간으로 걸어 들어간다. 칸트가 들어간 방은 인간학이라는 소박한 거처이다. 논의되고 있는 준칙들은 칸트에게 더 이상 객관적 실재를 의미하는 것이 아니다. 칸트는 만일 인간이 명석 판명하게 생각하길 원한다면 반드시 따라야 하는 단순한 규칙으로서의 준칙을 드러낸 것이다.

칸트는 자신의 적을 적진에서 만난 것이 아니라고 할 수 있다. 두 명의 존재론자들(플라톤과 아리스토텔레스)은 서로 다르게 강력한 포고를 하지만, 최소한 공통의 기초를 가지고 있다. 우주는 그들이 말하는 대상일 뿐만이 아니라 그 안에서 그들이 움직이는 공간이고, 그들의 논쟁 전에도 논쟁 중에도 그리고 논쟁 후에도 존재하는 공간이다. 이들 존재론자들과 논쟁하며 칸트는 이 공간에서 걸어 나온 것뿐만 아니라 그의 반대자로부터 이 공간을 빼앗아버린 것이다. 그는 반대자들을 텅 비어버린 공간, 즉 무의미한 공간 속으로 보내버린 것이다.

칸트는 결코 전통적 철학과 분명하게 단절하지 않았다. '걸어 나갔다'라는 은유는 칸트와 전통적 철학과의 통전적 관계의 복잡성을 설명하기에는 충분치 않다. 그러나 칸트의 저작 중 일부분은 과거와의 단절로 이뤄져 있고, '걸어 나갔다'라는 표현에 해당되는 부분도 곳곳에 있다.

칸트 사상의 이러한 측면은 순수 이성의 이념의 규범적 사용에 대한 것과 같이 그가 공식화한 명시적 주제에서뿐만 아니라 그의 반대자들과의 논쟁하는 방법에서도 분명해진다. 때로 칸트의 주장은 분명히 본질적으로 논리적이고 때로는 사람들이 그의 주장을 인식론적이라고 부르지만, 얼마나 많이 그리고 얼마나 중요하게 그의 주장이 인간학적 본질을 띠고 있는지는 놀라울 정도다. 칸트는 신의 존재를 향한 갈구가 인간 행위를 왜곡할 정도로 신의 존재에 대한 증거를 형성하고 재형성하려는 것이 어떻게 가능한지를 계속해서 밝히려고 했다. 칸트는 비본래적 추론에 선행하는 무언가의 결과로서 이러한 존재의 "비본래적 방법"을 설명한다. 그는 이것을 다음과 같이 부른다.

우리가 소급해가는 것을 멈출 수 있을, 존재 일반을 위해 어떤 무엇인가 필연적인 것을 가정하는 우리 이성의 필요 … 이 필연성은 무조건적이고 선험적으로 확실할 수밖에 없다.[124]

우리가 그것까지 소급하는 것이 필요하기에 결국 우리가 절대적 필연성으로 고려하는 최고의 원인 …[125]

---

124 *Ibid.*, pp. 360, 361.
125 *Ibid.*, p. 353.

다른 말로 하자면, 칸트는 인간이 필요로 하는 "긴급한 필요"[126]의 맥락에서 증거에 대해 논의한다.

칸트가 증거들을 필요의 문제로 환원시킨 것이라고 말하는 것은 지나치다고 하더라도 그가 물리학적-신학적 증거의 논리적 정합성이나 인식론적 적절성, 존재론적 깊이에서가 아니라 그것이 지닌 따듯한 인간적 특질로 인하여 물리학적-신학적 증거들을 받아들였다는 것은 중요한 사실이다. 6장 시작 부분에서의 칸트의 추론을 다음과 같이 구성해볼 수 있다.

우리는 세계의 질서와 적합함과 아름다움에 대하여 놀라움과 경이로움에 휩싸여 몹시 놀라지 않을 수 없다.

만일 인과와 출생, 죽음의 고리가 끊임없이 계속된다면 우리는 없음의 심연에서 사라지리라는 위협을 받게 되는 모든 것에 대한 생각에 몸서리치지 않을 수 없다.

끊임없는 우연성들의 고리보다는 자신 속에 그 근원을 가지고 있는 어떠한 것의 존재를 주장하고 추측하지 않을 수 없다.

---

126 *Ibid.*, p. 350.

우리는 생각할 수 있는 모든 위대함을 하나의 실체 안에 통합된, 가능한 모든 완벽함인 하나의 존재에 귀결시키지 않을 수 없다.

이 주장을 공격하는 것은 우리에게서 모든 위안을 빼앗아가는 것이 될 것이다.

의미를 필요로 하는 인간에 더하여 칸트는 인간의 자기기만self-deceit이라는 놀라운 힘을 강조한다. 칸트는 이성은 "순수한 생각의 창작물을 실재하는 존재로 받아들이도록 스스로를 설득한다"[127]고 주장한다. 이 자기기만은 단순한 우둔함이 아니다. 이것은 비본래적인 어떤 것을 포함하고 있다. 그것을 칸트는 "완전히 모호한 개념에서 그것에 상응하는 대상의 존재를 뽑아내려는"[128] 시도라고 보았다. 막스 뮐러Max Müller가 "뽑아내다"라고 번역한 독일어는 ausklauben이다. 이 단어는 전혀 철학적인 단어가 아닌, 일상적으로 사용되는 생생한 용어다. 이것은 "과일에서 과육을, 껍질에서 알곡을, 껍데기에서 알맹이를 뽑아내다"[129]라

---

127 *Ibid.*, p. 350.
128 *Ibid.*, p. 360.
129 klauben은 어원적으로 cleave(가르다, 쪼개다)와 연관돼 있다.

는 뜻이다. 이 생생한 표현은 단순히 본격적인 철학 사유를 하기 전에 칸트가 일상생활에서의 단순하고 정감 있는 언어를 은유로서 슬그머니 집어넣은 것이 아니다. 어떠한 것에서 무엇인가를 찾아내는 ausklauben의 은유는 5장 첫머리에 다시 나오는데, 칸트는 이러한 시적 이미지를 동원하여 이 주제를 자신의 모든 철학의 핵심으로 제시한다. 칸트는 여기서 "자기기만의 피해자로서의 인간"을 제시한다. 존재론자가 일하고 있는 것을 상상해보거나 그 자신의 해석에 빠진 존재론자를 그려보라. 칸트는 스스로를 감추어진 보물을 찾는 사람이라고 보았다. 그는 값어치 나가는 중요한 것이 무가치한 껍질 속에 숨어 있다고 확신하였다. 그것을 파헤치고, 숨겨진 가치와 황금을 찾아내어 껍질을 버리는 것이 철학자의 장엄한 임무이다. 칸트는 우리가 실증주의자의 말을 암시한다고 보았던 안데르센 동화에 나오는 아이의 외침, "보세요, 황제는 아무것도 입고 있지 않아요!"를 되뇌었다. 칸트는 굉장히 비정상적인 일이 여기서 벌어지고 있다고 말한다: 실제로는 아무런 알맹이도 가지고 있지 않은 껍질(개념)로부터 알맹이(대상의 존재)를 찾아내기.[130]

---

[130] 칸트의 알맹이와 껍질의 대조는 그리스 우주론의 신념의 본질을 특징짓는 데 사용되는 이미지(중심부와 표면)와 병렬된다. *An Analytical Philosophy of Religion*, pp. 212 ff 참조
—편집자(E. C. Swenson).

이 자기기만은 때로는 올바른 순서의 역순 형태를 제시한다. 칸트는 말한다.

이 이성의 자연스러운 행보는 조심스레 숨겨졌고 이 개념에서 끝나는 대신에 그 개념에서 시작하고자 시도했다.[131]

여기서 그는 필연적 존재 자체를 가정하려는 우리 이성의 필요는 존재 자체와 같은 것의 개념을 추구하는 것에 앞선다는 것을 말하고 있다. 물론 누군가 이성 본연의 활동을 무시하고 개념으로 시작할 수 있다고 생각한다면, 개념에서 논리적 추론을 하여 그 존재를 만들어내려는 망상의 희생양이 될 것이다.

자기기만의 다른 형태는 신의 존재의 증거들은 다른 원리들에 근거한 새로운 증거이고 따라서 증거가 가치를 가지고 있는 것이 아니라 형태만 바꾼 선재하는 증거들의 반복이라는 사실로 이루어져 있다. 따라서 우주론적 증거는 그것의 경험론적 근거를 자랑하지만, 필연적 존재 자체를 가정하려는 인간 이성의 필요와 같은 이 모든 증거들의 참된 경험적 근거들을 무시한다. 사실 신의 존재의 증거들은 선재하는 증거들의 논거를 다시 제시

131　*Critique of Pure Reason*, pp. 360, 361.

한 것뿐이다.[132]

칸트가 말하는 "필요"와 "자기기만"은 단순한 필요 혹은 자기기만이 아니라는 것을 알아둘 필요가 있다. 사실 칸트가 철학적 사유와 인간의 필요 사이의 관계를 지적한 첫 번째 철학자는 아니다. 그러나 흄을 제외하고는 칸트 이전의 그 누구도 말하지 않았던 것을 칸트는 두 가지 용어로 분명하게 말한다. 칸트는 필연적 존재 자체, '가장 실제적인 존재자ens realissimum', 합리성, 모든 것을 아우르는 질서의 존재를 증명할 수 있다는 것을 부정한다. 그 대신 그는 이러한 사유들은 인간의 필요에 그 기원을 두고 있으며, 이러한 단순한 사실을 거부하는 것은 자기기만과 망상을 가져온다고 주장한다.

아마도 이 마지막 부분을 강조해야만 할 것이다. 칸트에게 이 문제의 모든 뿌리는 존재 자체를 정립할 수 없는 우리의 무능함과 또한 우리의 의지 없음에 있다.[133] 5장 끝부분에서 칸트는 초월적 이데아의 총체적 문제는 "절대적 필연성"과 양립하는 "무언가의 개념"을 발견해야만 하는 데 있다고 말한다. 첫째, 그는 이 발견의 임무는 우리의 이성의 힘을 완전히 초월하여 우리의

---

132 *Ibid.*, section V.

133 *Ibid.*, p. 365.

이해가 완전히 충족될 수 없다고 말한다. 둘째, 이 일은 무기력한 이성을 안심시키는 우리의 힘을 초월하여 있다. 이 생각은 칸트의 근본적 이념이 아닌가? 인간은 자신의 사유의 한계를 받아들일 의지가 없다. 이것은 "필요"와 "자기기만"의 뿌리가 되는 '받아들이지 않음'이다. 그것은 우리의 이해가 자기기만뿐 아니라 억측을 낳는 경험의 한계를 초월할 수 없다는 사실을 받아들이기를 꺼리는 것이다. 바로 이에 앞서 5장에서 칸트는 가정하는 것 대신 상정하는 것이 모든 차이를 만든다고 말한다. 임시적인 가설을 적정하게 표현하는 가정과 필연적인 확실성을 가지고 어떤 존재를 결연하게 주장하는 것은 다른 것이다. 칸트는 다음과 같은 이성을 조롱한다.

이성은 치밀하게 수행되는 사변의 어떤 회의에도 압도되지 않는다. 그렇기에 이성은 자연의 놀라움과 세계 구조의 장엄함에 눈길이 닿자마자 마치 꿈에서 깬 듯 모든 심사숙고하는 주저에서 벗어난다. 그래서 위대함에서 위대함으로 마침내 최고의 위대함에까지 올라가고, 조건적인 것에서 조건으로 마침내 최상의 무조건적인 창시자에까지 올라간다.[134]

---

134 *Critique of Pure Reason*, p. 365.

이 책 3장에서 강조한 대로 인간에 대한 칸트의 관점에 대하여 우리가 고려해봐야 할 마지막 요소는 "관심"이다. "순수 이성 이념에 대한 일반적 용례에 대하여"의 "초월적 변증학에 대한 부록"에서 칸트는 인간의 관심에 대한 논리적 준칙들을 논한다. 이성은

> 한편으로는 유와 관련해 외연(보편성)에 대한 관심을, 다른 한편으로는 종들의 잡다함을 겨냥한 내포(규정성)에 대한 관심을 보인다.[135]

여기서 칸트는 "이성"에 대하여 말하는 것에서 인간에 대하여 말하는 것으로 옮겨간다.

> 이런 구분은 자연 연구가들의 서로 다른 사고방식에서도 나타난다. 그들 중 몇몇은 (특히 사변적인) 이종성에 대해 말하자면 적대적이고 … 다른 이들, 특히 경험적인 이들은 자연을 끊이지 않고 수없이 잡다하게 쪼개려고 시도한다.[136]

---

135 *Ibid.*, p. 388.
136 *Ibid.*, p. 394.

그러나 칸트는 위의 것을 "논리적 준칙"의 차원에서 말한다. 그는 그것들을 "주관적 준칙" 혹은 "격률(주관적 실천 원칙)"이라 부르는데 그 이유는 그것들은 대상의 질이 아니라 이성의 관심에서 유추된 것이기 때문이다. 이 관심은 근원적으로 하나로 집약된다: 이러한 대상들에 대한 우리의 지식의 완벽성에 가능한 한 가깝게 다다르려는 것.

칸트의 다음 말은 관심에 대한 이러한 견해의 중요성을 증명해준다. 이 주관적 준칙들이 마치 실재를 구성하는 것과 같이 객관적인 것으로 받아들여질 때 어려운 문제가 발생한다. 그래서 그것들은 모순된 것으로 보이는 것이다. (예를 들어 다양성과 단일성은 충돌한다.) 칸트는 "어떤 철학가는 다양성에 … 다른 철학가는 단일성에 관심을 갖는다. … 이들 각각은 자기의 판단을 객관에 대한 통찰로부터 가진 것으로 믿는다"라고 주장한다.[137] 칸트가 자신이 사용한 언어에 관심을 갖지 않은 것은 흥미롭다. 때로 그는 추상적 이성, 논리적 준칙, 논리적 법에 대하여 말하고 이것들을 "요구하다", "요청하다"와 같은 인간미 넘치는 동사와의 관계 속에서 사용한다. 하지만 전반적으로는 논리의 고고한 추상적 언어 수준에서 그것들을 사용한다. 그러나 그는 자

137 *Ibid.*

연의 연구가들을 언급할 때뿐 아니라 우리에게 논리적 준칙이 "허황된 것을 보편화하려는 것을 평가"[138]하려 할 때도 계속하여 인간의 영역으로 움직여간다. 물론 칸트는 준칙, 법, 그리고 이성에 대하여 말할 때에도 인간 존재를 마음에 두고 있다. 그러나 이를 너무 쉽게 말할 수는 없다. 여기에는 여전히 풀리지 않은 문제가 숨어 있다.

B. 인격체의 탐구

우리 시대의 첫 번째 특징, 즉 존재, 진리 그리고 선에 이르는 위대하고 특별한 방법에 대한 상충하는 주장들의 존재를 논의하면서 우리는 위대하고 특별한 방법은 없다는 두 번째 주장의 힘과 고귀함에 주목하였다. 그러나 이 두 번째 주장은 우리에게 공허함을 남겼다. 만일 철학이 이러한 방법을 공식화할 수 없다면, 만일 철학이 특별한 방법이 아니라면, 우리가 논의할 만한 어떠한 것도 남아 있지 않은 것은 아닌가? 철학은 침묵을 지켜야 하는가? 이것은 수사학적 질문이 아니다. 왜냐하면 칼 바르트 같

---

138   *Ibid.*

은 신학자들은 믿음의 문제에 대하여 철학은 침묵할 것을 요구하기 때문이다. 그러나 이를 넘어 대부분 철학자들은 흄과 칸트를 따르고 존재 자체와 이성의 우주에 대한 관심을 다른 관심들, 예컨대 역사, 문명 그리고 가장 중요하게는 인간에 대한 질문으로 치환한다.

우리 시대는 두 포고가 서로 적대하는 다음과 같은 두 번째 갈등으로 특징지을 수 있다.

    I. 인간에 대한 학문, 전체로서의 우리의 문명은 "인격체"에 집중할 필요가 있다.

    II. 모든 학문은 과학적으로 엄밀하게 묘사될 수 있는 것으로 제한될 때 사회에 기여할 수 있다.

우리는 이미 두 포고들의 대표자들을 만나보았다. 메이는 첫 번째 포고를, 맨들러와 케센은 두 번째 포고를 이야기한다.

칸트로 돌아가 보면, 우리는 칸트가 이 문제에 있어 중요한 입장을 취하고 있음을 알 수 있다. 우리는 그가 어떻게 오래된 존재론의 집에서 걸어 나왔는지 보았다. 그는 자신의 반대자들을 그들의 기반에서 만날 수 없었는데, 그가 그것을 원하지 않았기 때문이 아니라 그 기반 자체가 없었기 때문이었다. 나아가 우리는 이미 칸트가 명시적으로 제시한 주제들과 또한 "순수 이성의 이념" 장에서 보여준 사유의 전체적인 방식에서 그가 인간학으로 넘어갔음을 보았다. 그러나 우리에게는 칸트가 전통적 철학에서 인간학으로의 명시적이고 분명한 변화를 선언했다고 말할 권한이 없다. 칸트의 글에는 너무나 많은 모순이 있기에 칸트는 자신이 무엇을 하는지 알지 못했다는 증거도 있다. 만일 그가 알았더라면 그렇게 이해할 수 없는 방식으로 인간학적 이념을 인식론적 그리고 논리적 사유에 뒤섞었을 리가 없다. 예컨대 칸트는 "필요"를 신 존재 증명의 뿌리로 강조하였다. 칸트는 자신을 기만하는 이성의 놀라운 힘을 다양한 방법으로 기술하였다. 그는 정신이 자신의 한계를 받아들이려 하지 않는 것을 강조한다. 마지막으로 그는 몇 가지 중요한 논리적 준칙들을 다른 "관심" 들로 치환한다. 물론 우리는 칸트에게 있어서 "경험"의 중요한 역할을 잊어서는 안 된다. 그러나 칸트는 누가 이러한 필요에 의해 그리도 급히 움직였는가에 대한 질문을 명시적이고 중요하게 제기하지 않는다. 스스로를 기만하고 자신의 한계를 받아들이지 않으며 상충하는 관심을 가지고 있는 이는 누구인가? 이것을 경험하는 이는 누구인가? 우리는 칸트가 때때로 인간에 대해 어떻게 말하는지를 봐왔지만, 대부분의 경우 그는 이성을 언급한다. "이성"을 말할 때 칸트는 "인간"을 염두에 두고 있다고 추측해도 되는가? 그런데 칸트에게 인간과 이성은 서로 부합하는 것인가? 칸트는 어떠한 경우든 새로운 영역을 완전히 깨닫지 못하면 그 영역으로 들어가기를 꺼렸다. 그는 암시적으로 이러한 질문들을 제기하였으나 그에 답할 수는 없었다.

따라서 우리는 우주가 몰락하자마자 인간, 인격체로서의 인간에 대한 관심이 서양 철학에서 나타나게 되었다고 말할 수 있다. 이 문제가 중요한 방식으로 제기되기 얼마 전에 키르케고르와 니체가 그 임무를 맡았다. 그들의 연구는 우리 시대에도 부버 Martin Buber, 하이데거, 사르트르에 의해 계속되었다. 여기서 중요한 것은 이러한 인간에 대한 철학화가 흄과 칸트가 목도한 우주의 몰락 없이는 생각할 수 없는 것이었다는 점이다. 하이데거의 세계는 오직 존재 자체의 도덕적, 이성적 질서에 대한 믿음을 포기한 이들만을 위한 것이라 할 수 있다. 나와 너, 삶과 죽음, 현존재Dasein, 대자 존재l'etre pour soi, 인격체에 대한 질문은 존재 자체로부터 "버림받은" 이들만을 위한 질문이다.

전술한 것들은 오늘날에 이르러 더 날카로워졌다. 흄과 칸트로부터 키르케고르와 니체를 거쳐 오늘날에 이르기까지의 인간에 대한 탐구는 칼 바르트와 논리실증주의자들 그리고 이들과 연계된 신학자들과 철학 학파들에게 단호히 무시당했다. 바르트와 논리실증주의자들 모두가 인격체에 대한 관심으로부터 멀어졌는지 보는 것은 중요하다. 바르트는 다음과 같이 말한다. "우주는 몰락하였는가? 그렇게 되는 편이 훨씬 나을 것이다. 왜냐하면 우주는 언제나 인간이 만든 것이었기 때문이다. 인간의 철학적 상상력의 산물 대신 인간 자신에게로 관심을 돌리는 것은 상황을 더 악화시킬 것이다. 회개하라. 주님께로 돌아가라!" 논리실증주의자들은 이렇게 말한다. "마지막으로 오래된 망상이 이성적이고 신뢰할 만한 사유로부터 떨어져 나갔다. 이제 우리는 경험 과학의 명확성과 신뢰성을 강조하여 혼돈에 빠진 이들에게 믿을 만한 지침을 주도록 하자. 몇몇 사람들이 '인격체', '영혼'이라고 부르는 것은 정확히 알 수 있는 영역에 속한 것이 아니다. 그 영역은 시인과 화가에게 넘겨주자!"

우리는 "누가 인간인가?"라는 질문에 대해서는 논의하지 않을 것이다. 그보다는 우리 시대의 두 번째 특징과 관련해 몇 가지를 논평하고자 한다. 이 "두 번째 갈등"은 곧잘 첫 번째 갈등을 모호하게 하는 것처럼 보인다. 철학자와 신학자는 실증주의자, 자연주의자, 유물론자 들의 불쾌한 영향력에 맞서려는 선한 의지를 지닌 모든 이들과 힘을 모아 편을 가르고 자신의 진영을 형성하려는 경향이 있다. 아니면 철학자들은 (심지어 몇몇 신학자들도) 반대 주장의 경고하는 목소리를 높여 형이상학자와 몽상가의 조잡한 사유를 딛고 일어나 위대한 승리를 거둔 명석하고 과학적인 사유의 미래를 본다. 그러나 불행하게도 이 모든 것은 우리 시대의 실체적 본질을 보지 못하게끔 사람들의 눈을 가린다. 만일 사상들이 우주의 죽음과 얼마나 관련되어 있는지 묻지 않는다면, 우리는 그 어떤 중요한 신학이나 철학도 이해할 수 없다. 우리 상황의 가장 깊이 있는 의미가 인격주의자와 실증주의자 간의 갈등 속에서 드러난다고 믿는 것은 위험한 단순화이다. 양쪽 진영 모두 이 전쟁의 중요성을 과대평가하고 그리하여 "신은 죽었다"라는 울부짖음에는 귀를 기울이지 않는 경향이 있다.

부록

소개: 신은 죽었다

쥐르데이흐 교수는 이 마지막 장을 자전적 성격으로 쓸 계획이었다. 쥐르데이흐는 어떻게 서구 문명에 대한 그 자신의 입장을 가지게 되었는지 자신이 겪었던 충격적 경험을 통해 설명하려했다. 예컨대 신학 박사 과정에서의 논리실증주의 연구, 참혹한 나치 치하에서의 목회 생활, 새롭고 신기한 나라로의 이주와 그곳에서의 삶과 일, 오랜 시간 자신을 괴롭혀온 질병과 같은 것들 말이다. 사실 그는 이러한 사건들과 자신의 철학적 관점 간의 연관성을 보여줄 수 있었을 뿐이었다. 이러한 점과 더불어 "신은 죽었다God is dead"라는 울부짖음은 20세기 인간의 울부짖음이라는 그의 인식을 고려해볼 때 이러한 주제에 대한 그의 미완의 논문과 밑그림으로 이 책을 마무리 짓는 것은 적절해 보인다. 쥐르데이흐는 1962년에 두 편의 글을 썼는데, 하나는 설교문이었고 다른 하나는 "논문 작성법" 강의를 위해 쓴 글이었다. 바라건대 이 글에서 독자들이 쥐르데이흐에게 "신은 죽었다"가 어떤 의미를 갖는지, 또한 철학자들이 보다 정제되고 정교한 사상을 펼쳐나가는 근원적 통찰력이 무엇인지 그 단서를 발견할 수 있기를 바란다.

에스더 C. 스웬슨

I. 니체의 울부짖음 "신은 죽었다"

1. 《즐거운 학문 *Die fröhliche Wissenschaft*》 125절에 나타난 대조는 신을 믿는 사람과 믿지 않는 사람 사이의 대조가 아니라 신을 믿지 않는 두 부류의 사람 사이의 대조가 아닐까? "광인"은 신은 죽었다고 울부짖고 그 엄청난 사건에 전율한다. 다른 비신자는 꿈쩍도 않고 실없는 농담을 하며 마지막에는 "광인"이 그렇게 흥분했다는 데 놀란다.

2. 물론 신이 죽었다는 메시지는 해방의 메시지이지만 이것은 단순한 벗어남만을 의미하지는 않는다. 앞선 세대는 질서정연한 세계, 즉 보호 장벽 역할을 하는 울타리가 처진 일종의 집을 믿을 수 있었다. "광인"은 이 세계 사람들은 "모든 지평을 지워버리는 스펀지"를 가지고 있다고 묘사했다. 질서와 의미 있음order and meaningfulness을 보장하는 신이 없는 세계는 위도 아래도 남아 있지 않는 세계이다! 우리 지구가 그 둘레를 돌고 있는 태양이 없는 것이다. 우리는 하나의 태양을 다른 태양으로 바꾼 것이 아니라 모든 태양을 치워버린 것이다. 따라서 우리가 어디로 갈 것인가 묻는 것은 아무런 의미가 없다. "뒤로, 옆으로, 앞으로, 사방팔방으로?" 그런데 거침없이 전진하는 진보에 대한 의심은 곧 파문이나 다름없던 시대에 이것을 이야기하던 니체를 상상해보라. 니체는 우리가 진정으로 전진하고 있는지 묻고, 퇴보할 가능성을 생각하는 것은 유치한 게임일 뿐이라고 말한다. 그보다는 우리가 옆으로 가는 것은 아닌지 혹은 "우리는 계속하여 곤두박질치는 것은 아닌가?"라고 묻는 편이 낫다.

"광인"은 해방의 기쁨도 이 사건의 공포도 알지 못하는 이러한 비신자에 소스라치게 놀란다. "기쁨"과 "공포" 두 단어 모두 이러한 비신자들이 깨닫지 못하는 차원을 지시한다.

3. 다시 말해 "광인"은 지금 무슨 일이 일어나고 있는지에 대해 비신자들이 잘못 알고 있다고 주장한다. 그는 자신이 미치지 않았고 우둔하지도 않으며, 오히려 자신을 비웃는 비신자들이 정상이 아니며 건강하지도 상식적이지도 못하다고 말한다. "광인"은 자신이 그들보다 더 많은 것을 보고 있으며, 그들은 눈이 멀었다고 비난한다. "광인"은 "신은 죽었다"는 것뿐만이 아니라 신을 죽인 이들이 자신이 무슨 일을 했는지, 무슨 일이 벌어졌는지 알지 못하는 듯하다는 사실에 전율한다. 이른바 원시 종교에서 "미친" 이들은 신의 사람, 신을 보는 이로 여겨지곤 한다.

4. "광인"은 이들 살인자들이 무척이나 작고 연약한 이들이라는 점에 다시 한 번 놀란다. 그들은 "세상이 한 번도 가진 적 없는 가장 위대하고 거룩한 것"을 칼로 찔렀지만, 한편으로는 왜소하고 하찮은 존재였다. "우리 모두는 신을 죽였다. 그런데 어떻게 우리가 그런 일을 저질렀나? 어떻게 우리가 바다를 들이마실 수 있겠는가? … 우리가 지구를 태양에서 해방시켰을 때 우리는 무엇을 한 것인가?"

5. 이 사안에 대한 니체의 격렬한 포고를 단순히 환상이라는 면에서 논의하는 것은 현명하지 못한 것이 아닐까? 즉, 사람들이

19세기까지는 위안을 주는 관대한 환상의 은혜로 (자애로운 신이 관장하는 질서정연한 세계에서) 살아왔고, 19세기 이후로는 자신들의 결정이 미칠 여파에 대해 신기하리만치 무지한 채로 이 환상에서 벗어났다는 것이 니체의 주장이라고 말할 수도 있을 것이다.

하지만 이것은 지나친 단순화다. 니체는 이러한 도덕적, 신적 세계 질서가 단순한 환상이 아니라 어떤 의미에서는 실재적인 것이었다고 말한다. 당신이 죽인 것은 단순한 환상이나 유령 같은 것, 하찮고, 위험하지도 않으며, 실재하지도 않고, 매혹적이지도 강력하지도 않은 무언가가 아니다. 다른 말로 하면, 살인 사건의 엄청난 규모를 생각하면 섬뜩하기까지 한 비신자들의 무관심을 질타하는 "광인"의 울부짖음은 바로 신의 편에 서서 외치는 소리인데, 이는 살해된 신의 실재를 의미한다.

나는 이 신이 실재했다고 말하고자 한다. 그 모든 이들이 신의 실재에 대해 품은 믿음의 강렬함, 진실성, 진지함 때문에 그들에게 신이 실재했다는 것이다. 허나 이것으로는 충분치 못할 것이다. 이 신은 **그들에게** 성스럽고 **그들에게** 강력하다고 말하는 것으로도 충분치 못하다. 니체 자신도 그 이상을 이야기한다. "세상이 지금껏 **가져본, 소유해본** 모든 것 중 가장 성스럽고 가장 강력한 것"이라고 말이다. 니체는 "세상이 지금껏 **상상해본** 모든 것

중 가장 성스러운 것"이라고 말하지 않는다.

아마도 다음과 같이 말하는 것이 맞을 것이다. 신만이 죽은 것이 아니라 온 세계가 죽었다. 말하자면 그러한 신을 믿는 사람들도, 신 자체도, 그리고 그 신과 그 신을 믿는 사람들이 속한 온 "세계"도 죽었다. 그들에게 그들이 믿는 신과 이러한 "세계"는 하나로 묶여 있다. 이 모든 것들이 죽은 것이다.

물론 내가 내 생각을 니체에 대입했을 가능성도 있다. 신중히 이렇게 말할 수 있을 것이다. 니체는 이 옛 "세계"와 그 세계에 속하는 신과 인간을 존중했다. 그 세계가 진지했던 동안에는 말이다. 그러나 위대한 무언가가 죽었다는 것, 위대한 무언가가 작고 보잘것없는 바로 그들 자신에 의해 죽임을 당했다는 것을 깨닫지 못하는 비신자들 사이에서 니체는 질겁한다.

6. 니체는 이 모든 거짓말 같은 상황 때문에 무서워 죽을 지경이다. 더 이상 신을 믿지는 않지만, 온 "세계"가 신과 함께 무너졌다는 것은 깨닫지 못한 듯 보이는 사람들이 있다. 따라서 이제부터 삶이란 대단히 위험한 모험이 되었다는 사실을 그들은 이해하지 못한다. 더 이상 태양 둘레를 돌지 않은 지구, 우리가 어디로 가야 할지를 결정해주는 권위가 사라진 세계, 어디로 갈 수 있고 또 가야 하는지 우리 스스로 결정해야 하는 세계에서 살아

가려면 엄청난 힘과 용기, 지혜가 필요하다는 것을 그들은 알지 못한다. 만일 눈멀고 어리석고 보잘것없는 건방진 사람들이 태양을 빼앗겨버린 이 같은 세계에서 살아가야 한다면 어떤 일들이 벌어질 것인가?

7. 니체는 여기서 20세기의 혼란을 예견한 것이 아닐까? 신적 권위의 도움 없이 인간은 혼란스러운 세계에서 너무도 보잘것없다. 참된 자유에 대해서도 마찬가지다. 만일 이 지점에서 "신이 없다면 모든 것은 가능하다!"라는 도스토옙스키의 말이 떠올랐다면 아마도 나는 니체에게서 또다시 무언가를 읽어내려 하는 것일지도 모른다.

여전히 제대로 된 삶을 살아가는 데 필요한 용기도 의지도 지혜도 없는 보잘것없는 사람들이 니체 시대의 보잘것없는 사람들의 뒤를 잇고 있다면 우리는 또 다른 상황에 봉착하게 된다. 새로운 세대는 "신은 죽었다"는 점을 깨닫기 시작할 것이다. 하지만 그것은 오로지 경찰 같은 신에 의해 그 즉시 처벌받지 않고 온갖 끔찍한 일들을 저지를 수 있다는 깨달음일 따름이지, 의문이 제기되지도 시험받지도 않는 유서 깊은 금기나 교리 없이 제대로 살아가기가 얼마나 더 어려운지에 대한 예리한 자각은 아니다.

8. 어떻게 보면 나치는 신이 죽었다는 것을 깨달은 사람들이었는데, 그것은 전자의 깨달음이었다. 나치는 약한 자를 돕는 기독교 윤리는 중세적인 것이며, 자신들은 삶의 합리적-도덕적 질서를 믿지 않는다고 공공연하게 말했다. (그 대신에 삶의 원초적 운동이 만든 북받치는 비합리적이고 비도덕적인 질서를 믿었다.) 이것이 아무리 무시무시했다 하더라도, 나치는 "신은 죽었다"는 것을 아직 알지 못하는, 여전히 신 또는 정의가 지켜주는 도덕적인 세계 질서를 믿는 선한 의지를 가진 기독교인과 휴머니스트의 비판을 받을 수 없었다. 공산주의에서 볼 수 있는 것과 같이 오로지 두려움과 도덕적 분개만을 아는 이들도 (도덕적 세계 질서에 대한 흔들리지 않는 믿음에 뿌리 내리고 있다면) 마찬가지다. 한 세기가 지난 오늘날에도 신이 아직 죽지 않았다고 믿고 따라서 니체를 이해할 가망이 없는 이들이 여전히 교회 안팎에 있다.

9. 지금까지 우리는 "신은 죽었다"에 대한 두 가지 해석, 즉 철학적 해석(흄에서 니체까지)과 기독교의 해석만을 언급해왔다. 우리는 이외에도 더 많은 해석이 있는지 물어야 한다. 여기에는 분명히 불교와 논리실증주의도 포함될 것이다.

10. 《인간과 종교*Mens en Godsdienst*》[1]에서 히딩K. A. H. Hidding 교수
는 우리의 주제와 관련하여 불교를 다음과 같이 묘사한다.

a. 불교는 우주와 인간이 불멸의 본질을 가지고 있다는 것을
부정한다. 인간은 아트만을 가지고 있지 않다. "신들"도 인
간과 마찬가지로 사라질 존재이다(73쪽).

b. 불교에서 "거룩함"은 신이나 우주를 지칭하지 않고 인간
안에서 깨우쳐진 진리, 인간에게 "실재"에서 벗어나 열반에
이르는 길을 보여주는 진리를 의미한다(73~74쪽).

c. 열반은 "실재"와 연계되지 않는데 그 이유는 실재는 속임
수로 가득 차 없어질 것이기 때문이다. 따라서 삶을 살아가
는 인간은 경험적 "실재"이고 부정적 의미에서만 열반을 말
할 수 있다(74쪽).

d. 원래 불교에는 가르침만 있었는데, 구원의 방법과 같은
실제적인 것만을 가르쳤다. 예법도 마법도 신들에 대한 찬양
도 신화도 참선도 없었다(75쪽).

e. 후기 불교는 예법, 마법, 찬양, 인격적 신과 구원자, 참선
을 재도입한다(80쪽).

---

1   (Delft: Gaade, 1954.)

      f. 오래된 "원시" 종교의 구조에 속하는 이러한 요소들의 재
     도입은 유대교, 기독교, 이슬람교에서도 나타난다(80쪽).

11. 논리실증주의 또한 신은 죽었다고 포고하는 신념적 세계관 집단에 속할 것이다. 내가 주저하는 이유는 논리실증주의가 흄, 칸트, 니체의 집단에 속한다는 명백한 사실 때문이다. 논리실증주의는 신에 대해 침묵함으로써 신은 죽었다고 선언한다. 이것을 소리 높여 말하는 것은 형이상학적 논의의 한 입장을 취하는 것이 될 것인데, 물론 실제로 그렇게 하지는 않는다.

   불교 승려에게 손에 잡히지 않는 미묘한 열반의 의미에 대해 묻는 호기심 많은, 어찌 보면 경솔한 서양인에 대한 이야기가 있다. 그는 물었다. "그렇다면 열반이란 무엇인가?" 승려가 대답했다. "지복, 형언할 수 없는 것!"

   우주적 질서의 존재에 대해 질문을 던진다면 논리실증주의자는 이렇게 말할 것이다. "말도 안 되는 것, 형언할 수 없는 것."

II. "신은 죽었다"

1. 이번 학기에 나는 "하늘이 무너졌다!", "신은 죽었다!"라는

관념에 더욱 깊은 인상을 받았다. 이것의 함의는 무엇인가?

2. 그것은 흄과 칸트로부터 시작되었다. 이성과 선의 오래된 우주적 질서(우주적 이성과 우주적 선)는 그들에게 더 이상 힘을 발휘하지 못했다. 이는 그들이 서구 문명의 시작에서부터 1750년까지 철학과 과학뿐만 아니라 종교와 윤리학, 정치학 등에서도 그 기초가 되어온 것을 더 이상 신뢰할 수 없게 되었다는 말이다. (참고로 이러한 영역 구분은 칸트 이전 세계에서는 큰 의미가 없었다.)

3. 놀라운 사실은 흄과 칸트가 이를 분명하게 밝혔음에도 거의 아무도 이해하지 못했고, 18세기 말뿐 아니라 20세기 중반까지도 그래 왔다는 것이다. 우리 사회는 여러 면에서 여전히 칸트 이전에 머물러 있는데 교회도 예외는 아니다. 이러한 상황은 교회와 선의의 자유주의자, 사회의식을 지닌 사람들이 우리 시대의 문제들, 특히 오래된 우주적 질서가 무너졌다는 바로 그 사실때문에 나타난 나치즘, 공산주의와 같은 움직임들에 제대로 대처하지 못하게 만들었다.

4. 20세기가 칸트 이전 시대이자 동시에 기독교 이전 시대라고

말할 수 있을까? 기독교인 외에 그 누가 "신은 죽었다"의 의미를 진정으로 알 수 있겠는가? 모든 복음의 메시지가 신은 죽었다는, 그리스도가 십자가에 매달렸다는 주장으로 시작하지 않는가? 니체는 우리가 그를 죽였다고 말한다. 복음서도 똑같이 말한다. 니체는 그를 죽인 이들이 자신이 한 일을 알지 못하고, 자신이 한 일의 의미를 알지 못한다는 것에 놀란다. 복음서도 똑같은 이야기를 한다.

5. 내가 존재론의 문제들과 세계에 대한 개념 그리고 흄에 대해 논의할 때 사람들은 이렇게 묻곤 한다. 성서는 어떠한가? 성서적 인간의 믿음은 세계에 대한 분명한 개념과 얽혀 있지 않은가? 이에 대해서는 생각보다 답하기가 쉽지 않다.

    a. 나에게 중요한 것은 이 점이다. 성서는 집과 같은 세계가 아니라 **사탄이 들끓는** 세계를 설교한다. 신약 성서는 이렇게 말한다. 우리가 사는 세계는 예수가 십자가에 매달리고, 그의 적들이 그를 죽일 뿐만 아니라 하나님의 친구라 불리는 이들 또한 그의 죽음에 직간접적으로 이바지하는 세계이다. 십자가 사건은 독립된 사건이 아니다. 하나님의 사람들의 역사를 보면 선지자에게 돌을 던지고 하나님의 율법을 어긴 이들이

바로 하나님의 사람들, 선의를 지닌 사람들이었다. 이 세계는 죄의 세계, 하나님의 뜻에 반역하는 세계이다. 나는 다음과 같은 질문에 이의를 달 수 없다. 하나님에게 사랑이 없고 인간에게는 선함이 전혀 없다는 것보다 더 비관적인 것이 성서에 있는가? 신약 성서는 분명 구원의 메시지를 가져다주었지만, 이 메시지는 무엇보다 인간과 세계의 타락을 전제하지 않으면 아무런 의미가 없게 된다. 우리는 타락했다. 나는 죄인이다. 나는 하나님에게 반역한다. 따라서 세계에 대한 성서적 개념은 극단적으로 복합적이다. 키텔Gerhard Kittel의 《신약 신학 사전*Theologisches Wörterbuch zum Neuen Testament*》에서 우주kosmos 항목을 보라. 세계는 하나님이 창조했기 때문에 선하다. 그러나 이 세계는 동시에 사탄의 영역이기도 하다(요한복음). 세계는 하나님의 구원 사역의 장소이며 또한 그 사역의 대상이기도 하다 등등.

b. 나아가 (1) 세계는 창조되었으므로 (그리스의 우주관이나 원시적 우주관에서와는 달리) 신적인 것이 아니다. (2) 세계에 대한 고정된 개념 대신 우리는 역사적 개념을 다루고 있다. 즉, 변화는 (그리스의 우주관이나 원시적 우주관에서와는 달리) 더 이상 적도 아니고, 의미 없는 것도 아니다.

c. 요약하자면, 성서에는 다음과 같은 것이 없다.

- 모든 것을 아우르는 실재이자 모든 것을 포함하며 불변하는 영원한 질서이자 집으로서의 세계

- 신적 질서로서의 질서정연한 집, 즉 신성 그 자체

- 신적 질서, 실재, 타당성, 논리적 논증으로 증명될 수 있는 진리. 이러한 논증은 결코 하나님에게 다다를 수 없다. 왜냐하면 논증은 창조를 넘어설 수 없고, 창조주에게 닿을 수 없기 때문이다.

d. 어쩌면 내가 한편으로 치우쳐 있는 것인지도 모르지만, 나는 이 모든 것이 악마라는 개념에서 가장 명확하게 드러난다고 믿는다. 역사를 쥐어짜내어 예수 그리스도의 아버지를 전통 철학에서의 존재 자체로 둔갑시킴으로 하나님을 비호하는 것은 언제든 가능하다. 또한 그리스도를 도덕 법칙의 현현으로 둔갑시킴으로서 그를 비호하는 것도 가능하다. 즉, 언제든 하나님과 그리스도를 존재론화하고 혹은 도덕화할 수 있다. 하지만 이러한 방식으로는 사탄을 처리할 수 없다. 사탄은 모든 존재론과 (도덕주의뿐 아니라) 모든 도덕 신학을 산산이 부순다. 만일 사탄이 우리가 실패하도록 만드는 것이라면 우리의 책임은 어디에서 찾을 수 있으며, 어떻게 우리에게 책임이 있을 수 있는가? 사탄은 어떠한 집에도 들어맞지 않는다!

III. 신은 죽었다

1. 앞에서 내가 몇 가지 점들을 분명히 하지 않았기에 혼란이 야기 되었다.

> a. 네 가지 입장들(니체·칸트·흄, 성서적 기독교, 불교, 논리실증주의)이 다양한 답을 내놓고 있는 하나의 문제가 있다는 것은 사실이 아니다. 네 입장이 각각 문제를 제시하고 있는데, 그 문제들 사이에 유사성이 있으며, 그 유사성의 초점이 바로 "신은 죽었다God is dead"라는 문구에 있다고 말하는 편이 옳을 것이다. 그러나 "God"이라는 단어뿐 아니라 "Is"와 "Dead"도 저마다 다른 의미를 지닌다는 점을 명심해야 한다.
> b. 종교적 접근(기독교와 불교)과 문화적 접근(니체, 칸트, 흄)은 특히 다르다. 나는 논리실증주의적인 접근에 대해서는 전혀 모르겠다.

2. 기독교가 이 문구를 말하는 방식에 대한 나의 논의가 제일 모호했다. 이제 나는 기독교인이 이 문구에 최소한 다음의 두 가지 의미를 부여할 수 있다고 생각한다.

a. 죽은 신은 구약의 신이거나 구약의 신의 특정 측면, 즉 율법이다. 아마도 구약의 인간은 이렇게 말하는 것이 옳지 않으며 바리새의 신이나 율법주의의 신이라고 말해야 한다고 말할 것이다. 어떤 이름을 붙이건 이 신과 도덕적 세계 질서 사이에는 유사성이 있다.

b. 죽은 신은 그리스도이다. 혹은 그리스도/나자렛 예수, 즉 볼 수 있고 만질 수 있는 그리스도라고 말할 수 있을 것이다. 육체를 지니고 살아 있으며, 제자들에게 의지할 힘과 위안이 되고, 그들을 돕고 인도하는, 물에 빠진 베드로를 건져 올린 아버지 같은 친구. 그들에게 경고를 하고, 그들의 잘못을 바로잡으며, 그들의 결정을 이끄는 지혜로운 상담자. 병자를 치유하고 죽은 자들 가운데서 일으키는 조력자.

그는 죽임을 당한 신이다. 그는 더 이상 이곳에 있지 않다. 그는 수많은 그리스도인들이 비탄에서 벗어나기 위해 찾는 아버지 같은 친구이다. 그는 더 이상 이곳에 있지 않기에 그리스도인들은 교회에 가서 그를 대신해 목사나 "구원받은 공동체"인 따뜻한 집으로부터 안내를 받는다.

적어도 이것이 내가 이해하는 복음이다. 나는 복음이 이 그리스도가 정말로 죽었다고 말한다고 믿는다. 우리가 살아가는 세계는 신적인 세계가 아니라 악마가 그 권세를 떨치는 죄에 빠진 세계이다. 신은 악마에게 이 세계에 대한 재량을 주었으나 악마는 신의 권세로부터 어떠한 것도 빼앗아가지 못한다. 이러한 모호한 세계에서 확실하게 신적인 것은 단 하나도 없다. 어떠한 인간도 제도도 법도 확실하게 신적인 것은 없다. 움켜쥐면 안전해지는 제단의 뿔 같은 것은 없다.[2] 우리는 유형의 무엇에도 기댈 수 없다. 우리 스스로 일어서야 한다.

3. 이렇게 생각하면 무엇을 할 수 있을지 전혀 모르겠다. 어떠한 의미에서 보면, 죽은 첫 번째 신은 죽은 두 번째 신을 죽였다. 그리스도를 죽인 것은 율법이다. 나는 어찌할 바를 모르겠다. 이것은 내가 "율법" 그리고/혹은 "그리스도"를 여기서 다른 의미로 사용한다는 뜻인가?

---

2   출애굽기 21장 13절. 이스라엘 사람 중에 우발적으로 죄를 범한 경우 제단의 뿔을 잡으면 사는 제도가 있었음—옮긴이.

"신은 죽었다!"에 대한 설교

마태복음 4장 8절: 세상의 모든 나라와 그 영광

1. 메시아의 유혹. 돌을 빵으로 변화시키면 훨씬 많은 추종자를 얻게 될 것이다. 사람들은 너를 경배하기까지 것이다! 종국에 사탄은 이렇게 요구한다. 나를 경배하라! 메시아의 대답은 이제 모든 나라가 자신에게 대적하게 될지라도 주님을 경배하겠다는 것이다.

2. 여기에 십자가의 전조가 나타난다. 메시아가 자신의 사역을 시작하고 마치는 세계는 이러하다.

   a. 하나님에게 죄를 짓고 반역하는 세계. 그리스도는 재림한다.

   b. 그러나 이 세계는 하나님의 손 안에 안전히 거한다. 패배 속에서 (하나님의) 승리가 나타난다.

3. 이것이 우리가 살고 있는 세계이며 우리가 받아들이지 못하는 세계이다. 교회도 이 세계를 받아들이지 않는다. 젊은이들은 자기 동일시가 필요하다. 성육신을 설교하라. 성육신은 불안해

하는 젊은이들에게 어쨌든 하나님이 자신의 아들을 이 세상에 보낼 만큼 이 세계가 아주 나쁜 것은 아니라는 점을 보여주기 때문이다. 따라서 우리는 하나님이 결국에는 이 세계를 승인하셨다고, 이 세계가 하나님의 세계 혹은 하나님 자신의 나라라고 선포함으로써 우리의 세계와 우리 자신을 변증한다.

그 외의 확증 신학들: 부활, 건국의 아버지들, 민주주의, 구약의 율법, 도덕 그리고/혹은 이성적 세계 질서의 신학들.

이 세계에 대한 하나님의 뜻을 이해하는 데는 의견이 다르지만, 프로그램에는 동의하는 사회교육행동Social Education Action 내 두 그룹에 대한 묘사. 우리 사회가 근본적으로 "선하다"고 믿는 이들이 있다. 반대자들에게는 이렇게 말한다. 그렇다면 당신은 우리 사회가 완전히 악하다고 믿는가?

유혹 이야기는 우리가 그 무엇도 본원적으로는 선하거나 악하지 않고 모든 것이 메시아 혹은 사탄에 의해 쓰일 수 있는 "모호한 세계" 속에서 살고 있다고 이야기한다. 하나님은 우리에게 자유의 여지를 주셨다. 우리는 단순한 도구가 아닌데, 우리에게는 책임이 있기 때문이다. 자유, 이것은 기적이다.

4. 이 모든 것은 우리의 비기독교적인 목적을 위해 우리가 그리스도를 오용하고 있음을 뜻한다. 우리는 십자가를 건너뛰고, 사

탄을 얼버무리고 대충 가리는데 그 이유는 성탄절과 부활절과는 달리 십자가와 사탄은 신정론에 들어맞지 않기 때문이다. 십자가와 사탄은 너무 고통스러울 따름이다.

5. 신은 죽었다 (I). 그리스도는 (도스토옙스키의 대심문관에 나오는 것처럼) 그에게 방해받길 거부한 질서에 의해 십자가에 못 박혔다. 그리스도는 역사적으로 율법을 정당화하는 질서에 의해 살해되었다. 우리는 그와 유사한 정당화하는 질서들을 세우고 있다!

> a. 우리는 그리스도를 죽인다. 우리는 그것을 알지 못한다. 그것을 받아들이지 않는다(니체).
> b. 그 후 우리는 기독교 이전의 질서로 돌아간다. 율법의 질서가 아닌 민주주의의 질서, 이성의 질서 등등.
> 이는 "신은 죽었다"가 기독교 이후의 세계post-Christian world를 열어주지 않는다는 것을 의미한다. 우리는 아직 기독교에 다다르지 못했다. 우리는 기독교 이전의 세계에 있다.

6. 우리의 믿음은 **번민하는** 믿음이다.
  어떤 찬송이든 두 가지 방식으로 불릴 수 있다. 예를 들어,

그는 반드시 약속을 지키시리 …

　　죄와 사망은 이기지 못하리 …

　이들은 모두 진리이며 동시에 진리에 대한 끔찍한 모독이다(여기서 또다시 모호해진다). 이 찬송들은 희망 속에서, 믿음 속에서, 두려움과 떨림 속에서, 기대 속에서, 원칙 속에서 진실이다. 이는 하나님의 뜻이 그 영광 속에서 충만하게 드러날 때를 의미한다. 그러나 현실을 고려해보면 그것들은 진실이 아니다. 히틀러에게 살해당한 600만 유대인 부녀자들에게는 진실이 아니다. 헝가리인들, 미시시피와 시카고의 흑인 노예들에게도 진실이 아니다. 마치 만사가 오케이인 양 이 찬송을 부르는 것은 이들에 대한 모욕이자 신성모독이기도 하다.

　믿음은 괴로운 것이고, 설교는 위태로운 일이다. 우리는 함부로 은혜와 같은 것이 우리에게 있다고 말할 수 없고, 따라서 무언가 믿을 만하고 손에 잡힐 만한 확실한 것이 있다고 전해서는 안 된다. 우리는 하나님의 약속을 나타내야 한다. 루터의 찬송을 보자.

　　하나님의 진리는 오늘도 살아 있고 …

　　하나님의 말씀은 사탄을 무너뜨리네 …

이것이 우리의 희망이다. 그러나 우리 눈앞의 현실은 고통스럽게도 다르다.

7. 신은 죽었다 (II). 이 말은 이제 역전되었다. 본원적 질서, 유대교 율법, 건국의 아버지들, 민주주의, 이성, 존재 자체(필연적 존재), 도덕적 세계 질서의 신들, 이러한 여러 신들은 죽은 신들이다. 우리가 믿을 때에만 존재한다는 의미에서 그 신들은 "우상"이다. 비록 현실은 다르지만, 원칙적으로 그 신들은 죽었다. … 살아 있는 신은 예수 그리스도이다.

찾아보기